Peter Heigl

TOYLAND – Bomber über Nürnberg
Nürnberg im Zweiten Weltkrieg

TOYLAND – Fire from the Sky
Nuremberg during World War II

„TOYLAND" wurde dem Filmtitel „TOYLAND, Nuremberg, Germany, 23 April 1945" des US Army Signal Corps (Film- und Fotodienst) entnommen. Der Film zeigt Aufnahmen des zerstörten Nürnbergs nach der militärischen Einnahme der Stadt.

The title "Toyland" was taken from the film "Toyland", filmed in Nuremberg on April 23rd, by the US Army Signal Corps. The film depicts the destruction of Nuremberg after the military takeover of the city.

Impressum
Peter Heigl

TOYLAND – Bomber übcr Nürnberg
Nürnberg im Zweiten Weltkrieg
Dokumente und Fotos:
National Archives, NARA, College Park, MD, USA
Übersetzung der amerikanischen Quellen und Lektorat:
Dr. Gerd Burger, textett, Regensburg
Übersetzung ins Englische: Wayne Lempke, Hilpoltstein
Buchgestaltung:
Les ateliers du mola-mola / Jean-Christophe Meillan, Nürnberg
Druck: Druckhaus Oberpfalz, Amberg
Selbstverlag – www.peterheigl.de

TOYLAND – Fire from the Sky
Nuremberg during World War II
Translation of English primary texts and editing:
Dr. Gerd Burger, textett, Regensburg
English translation: Wayne Lempke, Hilpoltstein
Book layout:
Les ateliers du mola-mola / Jean-Christophe Meillan, Nürnberg
Print: Druckhaus Oberpfalz, Amberg

Vorwort

„Nichts in der bisherigen Kriegsgeschichte glich entfernt nur der Vernichtungskapazität dieser Scharen am Himmel." Jörg Friedrich

Diese Dokumentation möchte anhand von bisher nicht veröffentlichten Fotos und Dokumenten aus den US-Nationalarchiven illustrieren, welche Strategie im Zweiten Weltkrieg London und Washington mit den Luftangriffen ihrer Bomberverbände verfolgten. Das britische Bomber Command und die US Air Force verwüsteten Deutschland so radikal wie noch keine Zivilisation zuvor, wie Jörg Friedrich in seiner über 500 Seiten umfassenden Abhandlung „Der Brand. Deutschland im Bombenkrieg 1940–1945, München (Propyläen Verlag) 2002", schreibt.

Im Vergleich zu Jörg Friedrichs großer Studie hat sich diese Broschüre eine spezifischer lokal umrissene Perspektive gewählt:

– Die Stadt Nürnberg, die bekanntlich sehr kurz vor Kriegsende noch in Schutt und Asche gelegt wurde. Bei diesen Angriffen wurden rund 95 Prozent aller Wohnungen der Nürnberger Innenstadt bis zur Unkenntlichkeit zerstört. Das Trauma der Bombennächte vom Januar 1945 quält noch heute viele Bewohner der Stadt.

– Die zerstörte Stadt Nürnberg unter amerikanischer Besatzung nach 1945 in zeitgenössischen Foto- und Schriftdokumenten

Preface

"Nothing in previous war history came anything close to the capacity of destruction of these squadrons in the skies." Jörg Friedrich

This documentation aims to illustrate, with the aid of previously unpublished photos and documents, which strategic goals London and Washington were aiming to achieve through massive air strikes. The British Bomber Command and the US Air Force destroyed Germany more radically than any civilization had ever been destroyed before, according to the detailed account by Jörg Friedrich "The Fire. Germany under Fire 1940-1945, Munich (Propyläen Publishers) 2002".

In comparison to Jörg Friedrich's comprehensive study, this pamphlet aims to demonstrate a much more specific local perspective:

– The city of Nuremberg, which was famously bombed shortly before the end of the war. During these air raids, 95 percent of all living quarters in the old town were destroyed beyond recognition. The trauma of the night air raids in January 1945 continues to plague many of the city's residents.

– The destroyed city of Nuremberg under American control after 1945 as documented by contemporary photographs and writings.

Wie Nürnberger Zeitzeugen die verheerenden Luftangriffe speziell des 2. Januar 1945 erlebten, wird bereits in mehreren Büchern behandelt. (So: Fritz Nadler, Ich sah wie Nürnberg unterging, Nürnberg 1959. Unveränderter Nachdruck, Verlag Edelmann 1995; Danièle List, Kriegsjahre in Nürnberg, Hans Carl Verlag 2004, u.a.)

Wenn die „Area Bombing Directive" des Londoner Luftfahrministeriums ans britische Bomber Command von „maximum use of fire" sprach, versteckt sich hinter dem technokratischen Begriff des "Area Bombing" letztlich nichts als der nackte Schrecken der Zivilbevölkerung. Niemand sollte jemals vergessen, dass bei jedem derartigen Flächenbombardement Tausende von Frauen und Männern, Kindern und Jugendlichen das Leben verloren oder zu Trauernden und Waisen wurden. Dies ist eine bittere historische Wahrheit, die freilich die menschenverachtenden Greuel des nationalsozialistischen Terrorregimes weder aufwiegt noch relativierend gegen sie ins Feld geführt werden darf.

Drei Kinder im bombardierten Nürnberg, ca. 1945

Three children in the bombed city of Nuremberg, ca. 1945

Reports by Nuremberg's newspapers of the massive air strikes, especially those on January 2nd, 1945, have already been extensively reviewed in other books.

When the British Bomber Command released its "Area Bombing Directive" from its London headquarters, orders to implement "maximum use of fire" were nothing less than a direct war of terror on the civilian population. It should never be forgotten that by this form of bombardment, thousands of women and men, children and youths either lost their lives or became mourners or orphans. This is a bitter historic truth which can't be balanced off by the inhumane actions of the Nazi terror regime.

For many years, this topic was nearly taboo here in Germany; the trauma of the war was simply suppressed, and a precarious, public debate of the awkward questions of innocence and guilt was avoided in the post-war years. Only recently has the topic of waging air wars

Lange Jahre war das Thema hierzulande so gut wie tabu; man hatte das Trauma nach dem Kriegsende schlicht verdrängt und wollte sich den vertrackten Fragen nach Schuld oder Unschuld lieber nicht aufs neue in einer prekären öffentlichen Debatte stellen müssen. Erst in jüngster Zeit wird das Thema Bombenkrieg erneut aufgegriffen und diskutiert; man denke vor allem an die Debatte um das Denkmal, das 1992 in London unweit der Westminster Cathedral Sir Arthur Harris, seit 1942 Commander-in-Chief des Bomber Command der Royal Air Force und völlig zu Recht „Bomber Harris" genannt, gewidmet wurde, speziell aber denke man an das kürzlich vorgelegte Buch von Jörg Friedrich, ohne das auch diese Broschüre nicht zusammengestellt worden wäre.

Alle in dieser Broschüre angeführten Zahlen und Fakten sind, soweit nicht anders vermerkt, dem genannten Buch von Jörg Friedrich, „Der Brand. Deutschland im Bombenkrieg 1940 – 1945, München 2002", entnommen.

been reconsidered and discussed. Public debate was especially spawned by the monument dedicated in 1992, not far from London's Westminster Cathedral, honouring Sir Arthur Harris, from 1942 Commander in Chief of the Bomber Command of the Royal Air Force, who was rightfully called "Bomber Harris". Debate here has especially been spurred by the recently published book by Jörg Friedrich, without which this pamphlet would not have come to being.

All numbers and facts in this pamphlet are taken, unless otherwise stated, from the aforementioned book by Jörg Friedrich: "The Fire. Germany under Fire 1940 – 1945, Munich 2002".

Date	Organisation	Tons* H.E.	Tons* I.B.
28/29 Aug 1942	R.A.F.	143.2	109.7
25/26 Feb 1943	R.A.F.	340.0	369.6
8/9 Mar 1943	R.A.F.	358.6	412.0
10/11 Aug 1943	R.A.F.	878.8	861.9
27/28 Aug 1943	R.A.F.	849.3	849.1
30/31 Mar 1944	R.A.F.	3.6	6.2
30/31 Mar 1944	R.A.F.	967.0	1169.6
8/9 Sept 1944	R.A.F.	58.0	1.0
3 Oct 1944	8th AF	622.0	763.0
19/20 Oct 1944	R.A.F.	349.5	544.6
25/26 Nov 1944	R.A.F.	76.1	1.0
27/28 Nov 1944	R.A.F.	5.4	-
28/29 Nov 1944	R.A.F.	35.9	1.0
5/6 Dec 1944	R.A.F.	22.3	1.0
18/19 Dec 1944	R.A.F.	43.5	2.6
2/3 Jan 1945	R.A.F.	1572.9	478.5
7/8 Jan 1945	R.A.F.	19.2	1.0
20 Feb 1945	8th AF	(No details)	
21 Feb 1945	8th AF	1686	1176

Aufstellung der Bombereinsätze auf Nürnberg bis 21. Februar 1945 der britischen Royal Air Force (R.A.F.) und der 8. US Air Force mit Angaben der Sprengbomben (H.E.) und der Brandbomben (I.B.), Quelle: U.S. Strategic Bombing Survey

Zwischen 26. Februar und 11. April 1945 erfolgten weitere acht Luftangriffe.

Schedule of air strikes on Nuremberg through February 21st 1945 of the British Royal Air Force (R.A.F.) and of the 8th U.S. Air Force with details of explosives (H.E.) and incendiary bombs (I.B.), Source: U.S. Strategic Bombing Survey

Between February 26th and April 11th 1945 there were eight additional air strikes.

Brandbomben

Der Flächenbrand als neue verheerende Waffe

„Bombenkrieg ist nicht die herabfallende Tonnage, sondern die lodernde Stadt. Die Behausungen der Generationen fallen nicht nur entzwei, sondern werden dabei Gesteinsmassen, die erschlagen, Glutöfen, die ersticken, Verliese, die vergasen."

Jörg Friedrich

Fire Bombs

Surface burning as a new destructive weapon

"The war of bombs is not defined by the tons of debris falling from the sky, but by the burning city. Housing in existence for generations is not just split in two, it becomes boulder masses which kill, hot ovens which suffocate and dungeons which fill with gas."

Jörg Friedrich

US-Aufklärungsflugzeug über zerstörten Fabrikanlagen in der Südstadt Nürnbergs, Mai 1945

American reconnaissance airplane over the destroyed industrial area in Nuremberg's South Town, May 1945

Das Fatale am modernen Luftkrieg ist, dass die vom Flugzeug aus abgeworfene Bombe nicht präzise zum Ziel findet. Dies wiederum führt dazu, dass die Militärstrategen die ganze Stadt zum Ziel erklären. Brandbomben verursachen in den Städten einen Schaden, der sich ganz von selbst vermehrt, bis ihm binnen kurzer Zeit kein Einhalt mehr zu bieten ist. Es dauerte im Krieg nur wenige Jahre, bis Feuerwehringenieure und Physiker unfehlbare Systeme ausgetüftelt hatten, mit denen sich brennbare Siedlungen orten, mit Farblicht umranden und gezielt bombardieren ließen.

In der Anfangsphase des Bombenkriegs, also 1940 und 1941, kannte der Bomberpilot zur Beurteilung seines Abwurfs nur zwei Begriffe: „hit" or „miss", sprich Treffer oder Fehlabwurf. Keine zwei Jahre später herrschte ein radikal anderer Krieg. Ganze Stäbe von Militärs und technischen Experten studierten Bebauungskarten und Luftfotografien. Die Fachleute markierten mit Farben diejenigen Stadtteile, die am besten brennen würden, berechneten für jede einzelne der zu bombardierenden deutschen Städte exakt und spezifisch die jeweils optimale Zusammensetzung und Abfolge der abzuwerfenden Bomben und Bombentypen. Automatisch wurde beim Ausklinken der Bombenladung eine am Flugzeugrumpf montierte Kamera aktiviert, die die Stadt unter dem Bombenschacht fotografierte. Luftaufklärer dokumentierten am Folgetag, was man bei dem Bombardement an Zerstörungen bewirkt hatte.

Vogelschau auf den Egidienplatz, 8. Mai 1945

Aerial view of Egidienplatz, May 8th 1945

The tragedy of the modern war fought from the air is that bombs thrown from the sky don't find their targets precisely. This in turn results in military strategists effectively targeting entire cities. Fire bombs cause massive damage to cities, and the resulting fires quickly spread beyond control. It only took a few years during the war for pyro-engineers and physicists to devise a system of locating flammable settlements and surrounding them with colored lights to make them visible targets from the sky.

In the beginning phase of the air war – in 1940 and 1941 – the bomber pilot only had two words in his vocabulary to evaluate his bombing success: "hit" or "miss". Just two years later, a different, radical war was being waged. Whole units of military staff and technical experts were studying maps and photographs taken from the air. The experts highlighted those parts of cities which would burn best, exactly and specifically calculated for every single German target city the optimal components and order of bombing and types of bombs to be used. Upon dropping the bombs, a camera was automatically activated at the bottom of the airplane which assessed the damage. Experts evaluated the photographs on the next day to decide how successful the bombing had been.

Im Jahr 1943 hatte das britische Ministerium für wirtschaftliche Kriegsführung eigens einen ausführlichen Katalog dieser Ziele erstellt und unter dem bezeichnend zynischen Titel „The Bombers' Baedeker" gedruckt. In diesem Verzeichnis potentieller Ziele waren alle deutschen Städte mit über 15 000 Einwohnern aufgeführt.

Wie man eine ganze Stadt am besten und verlässlichsten in Brand setzen kann, wurde zielstrebig untersucht („maximum use of fire"). Der Luftangriff nimmt zuallererst den historischen Stadtkern mit seiner alten, teils altehrwürdigen Bausubstanz ins Visier. Mittelalterliche Straßen und Gassen sind eng und verwinkelt gebaut, das Hausskelett besteht in der Regel aus Balkenwerk, oft aus Fachwerk, die Speicher und Dachböden sind stets aus Holz, das jahrhundertelang getrocknet ist und wie Zunder brennt, ferner über keinerlei feuersichere Trennung zum Dach des Nachbarhauses verfügt. Auch barocke Stadtanlagen mit ihren symmetrischen Rechtecken bzw. Quadraten eignen sich gut zur Entfachung von Großfeuern, da die Dachfirste der Häuser parallel zur Straße verlaufen und in aller Regel ohne Trennmauern ineinander übergehen. In den dicht bebauten Großstadtquartieren der Gründerzeit ist die Bebauung ebenfalls sehr feueranfällig, die häufig mehrfach hintereinander gestaffelten Hinterhöfe wirken wie gigantische Kamine und schüren das einmal entstandene Feuer mit Macht. Weniger günstig sind die Bauten an der Peripherie der Städte, wo Industriebetriebe und moderne Siedlungen stehen; dort haben die Bauten in der Regel ein Stahlskelett und Brandmauern.

Das einzige sichere Refugium bei einem Luftangriff war der Keller, der in aller Regel mit einem Ziegelgewölbe oder als Betonguss mit eingezogenen Stahlträgern gebaut war. Gegen die Sprengwirkung der Bomben bot die Kellerdecke daher meist ausgezeichneten Schutz. Keine Chance allerdings hatten die Menschen gegen

In 1943, the British War Ministry published a detailed catalogue listing targets with the cynical title "The Bombers' Baedeker". In this registry, all potential targets – German cities with over 15,000 inhabitants – were listed.

The way to burn a city best and the most reliably was intensely researched ("maximum use of fire"). The air raids first focused on historic town centers with their old and noble buildings. Medieval streets and alleys are narrow and winding, their buildings often built of wooden beams and half-timbering, the attics built of wood dried through the centuries which burns like kindling. Roofs are built adjacently, without firewalls to separate them. Baroque cities were also good targets for fire bombs, with their symmetric grids and rooflines which ran parallel to the streets, normally without separating firewalls. The dense urban housing of late 19th century architecture in large German cities was also very prone to fires, with their sequences of narrow courtyards serving as gigantic fireplaces, burning everything around once a fire got started. Less susceptible to fire were the outskirts of cities, with their industrial sites and modern housing; these buildings normally had steel frames and firewalls.

The only safe refuge during an air raid was the cellar, which was normally built with arched brickwork or with cement poured onto a steel frame. For this reason, cellars usually were excellent at absorbing the impact of the bombs. However, people were helpless when faced with the gases produced from fires, which seeped in from outside – inadequate ventilation made cellars death traps during fires.

Only fire fighters can bring relief to a burning city. They however must be able to arrive quickly at the scene without anything blocking the way, and with an adequate

▲

Nürnberg in Trümmern, April 1945

Im Hintergrund links die Burg

►

Die Stadtmauer wirkte mancherorts

wie eine Brandmauer.

Westlich des Färbertores, September 1946

▼

Südlich des Hallertores, September 1946

▲

Nuremberg in ruins, April 1945

In the background left the castle.

►

The city wall functioned in many

places as a fire wall.

West of the Färber Gate, September 1946

▼

South of the Haller Gate, September 1946

die Verbrennungsgase, die von draußen in den Keller strömten, auch der Mangel an frisch zugeführtem Sauerstoff machte die Keller schnell zu Todesfallen.

Gegen einen Flächenbrand hilft einzig und allein die Feuerwehr. Die muss jedoch schnell und ungehindert zu den Brandherden gelangen und benötigt Wasser zum Löschen. Beides wussten die Militärs durch den Einsatz von Sprengbomben zu verhindern. Erstens bohrten sich die an der Spitze mit überschweren Köpfen und hinten mit langen Leitflossen versehenen Sprengbomben tief ins Erdreich und zerstörten dort das unterirdische Leitungsnetz der städtischen Wasserversorgung. Zweitens wurde dadurch die Straße zunächst einmal unbefahrbar, was sich mit schwerem Räumungsgerät allerdings relativ schnell beheben ließ. Deshalb setzte man bei den Luftangriffen eigens zusätzlich leichtere Splitterbomben mit Zeitzünder ein, die am Boden liegen blieben und erst Stunden nach dem eigentlichen Luftangriff explodierten. Der Feuerwehr waren daher fürs erste die Hände gebunden, weshalb das Feuer sein Vernichtungswerk so gut wie ungehindert vollenden konnte.

supply of water. The military planners knew how to make fire extinguishing difficult when dropping their bombs. First, bombs were dropped which were designed to drive themselves deep into the earth and to therefore destroy water mains. These bombs were heavy-headed and had fins at the tail to increase their velocity. Also, these bombs made the streets impassable for fire fighters, but this problem could be overcome by using heavy clearance machinery. Therefore additional bombs were implemented which first lay on the ground for hours before detonating. Fire fighters were thus prevented from going into the scene of the fire, so the fires could rage on and destroy.

Königsstraße im Mai 1945

Königsstrasse, May 1945

„Die fliegenden Festungen“
Bomber und Piloten

„Eine gewaltige Flotte von Bombern, die in schneller Folge auf engem Raum eine kolossale Menge Bombenmunition abwirft, legt einen Brand außerhalb jeder Kontrolle.“ Jörg Friedrich

“The Flying Fortresses”
Bombers and Pilots

“A tremendous fleet of bombers, which drop a colossal amount of explosives in a small area in fast succession, start a fire beyond any means of control.” Jörg Friedrich

US-B-17-Bomber mit dem Bombenziel Nürnberg, Februar 1945

US B-17 Bomber headed for Nuremberg, February 1945

Zwei Typen von viermotorigen Propellermaschinen waren die klassischen Bombenflugzeuge des Luftkriegs der Alliierten gegen Nazideutschland: zum einen die amerikanische B-17 „Flying Fortress“ (die „fliegende Festung“, wie ihr sprechender Name besagt), zum anderen die britische „Lancaster“. Als dritten Typus gab es sogar noch gewaltigere Bomber, nämlich die amerikanische B-24 „Liberator“ (der „Befreier“), die ab 1943 gemeinsam mit den „fliegenden Festungen“ in gewaltigen Geschwaderblöcken über den Himmel Deutschlands brummten. Jeder Bomber des Typs „Liberator“ trug mehr als zwanzig Tonnen Bomben mit sich, die Besatzung bestand aus zwölf Mann, als Bewaffnung war die Maschine mit zehn Maschinengewehren von 12 Millimeter Kaliber ausgestattet. Insgesamt wurden bis Kriegsende 18 452 „Liberators“ und 12 726 „Flying Fortresses“ sowie 7 366 „Lancasters“ gebaut. Die britische Luftwaffe fügte den in riesigen Stückzahlen produzierten Bombern eine Lotsenflotte hinzu, die sog. „Pathfinder Force“ mit dem zweimotorigen Leichtbomber „Mosquito“. Die Amerikaner sicherten ihre Bombergeschwader in der Regel durch den Begleitjäger „Mustang“. Die Antwort der Deutschen war technisch neuartig, nämlich der Bau der Rakete und die Entwicklung des Düsenjägers. Im Endeffekt kam die Überlegenheit dieser Waffen allerdings nicht mehr zum Tragen, da die Fertigungskapazität der bereits schwer geschädigten deutschen Kriegsindustrie für den Masseneinsatz dieser „Wunderwaffen“ nicht mehr ausreichte.

Im Jahre 1945 verfügten die Alliierten über mehr als das Zwanzigfache der Stückzahlen an Kriegsflugzeugen, die ihnen Anfang 1942 zur Verfügung gestanden hatten. Kriegsentscheidend waren aber nicht allein die Bomber, die hohe Tonnagen schnell und über weite Strecken (die

Two types of four-engine propeller planes were the classic bombers used in Allied air strikes for fighting Nazi Germany: one was the American B-17 "Flying Fortress", the other was the British "Lancaster".

There was a third type of bomber which was even bigger, namely the American B-24 "Liberator", which after 1943 flew with the "Flying Fortresses" in large squadrons over the German skies. Every "Liberator" bomber carried more than twenty tons of explosives on board, the crew consisted of twelve men, and the planes were armed with ten twelve-calibre machine guns. Altogether, 18,452 "Liberators", 12,726 "Flying Fortresses", and 7,366 "Lancasters" were built by the end of the war.

The British Air Force supplemented its huge number of bombers with a "Pathfinder Force" to locate targets with a light-engine bomber, called the "Mosquito". The

Hunderte von US-Bombern („Flying Fortresses") auf einem US-Flugplatz bei München, ca. Mai 1945

Hundreds of American Bombers ("Flying Fortresses") at a US airfield near Munich, ca. May 1945

Reichweite lag bei etwas über 4 000 km) befördern konnten, ebenso wichtig für den Erfolg der Luftangriffe zeigte sich das neue technische Hilfsmittel der Radarnavigation, mit deren Hilfe die Bombengeschwader selbst bei Hagel, Nebel, Sturm und absoluter Finsternis zielgenau an die anvisierten Städte gelotst werden konnten. Als drittes Element kam die ganze bunte Palette der unterschiedlichen Sorten von Abwurfmunition hinzu.
Im Januar 1943 stimmten die amerikanischen Militärs mit den Briten die gemeinsame Strategie ab - man einigte sich auf die kombinierte Bomberoffensive beider Luftflotten. Die britische Luftflotte bombardierte nachts, die amerikanische tagsüber. Die 8. US-Flotte war ohnehin seit gut einem Vierteljahr auf britischen Basen stationiert, um ihre Kräfte zu sammeln und ihre Mannschaften gezielt auf den Einsatz über dem europäischen Festland auszubilden.

Solange die deutschen Abfangjäger noch im Einsatz waren, mussten die amerikanischen und britischen Bombergeschwader massive Verluste in Kauf nehmen – dies änderte sich erst im Herbst 1944, als so gut wie alle deutschen Jäger zerstört worden waren. Als dann auch noch die Flakgeschütze aus den deutschen Städten an die Front zum Schutze der Grenzen verlagert wurden, war die Bomberflotte der Briten und Amerikaner fast ohne größeren Gegner und konnte so immer mehr zu Tieffliegerangriffen übergehen.

Im Vergleich zur deutschen Luftwaffe hatten die Piloten der US Air Force und der britischen Royal Air Force eine doppelt so lange Flugausbildung absolviert, ferner befanden sie sich in siebenfacher Überzahl. Dennoch mussten die amerikanischen und britischen Piloten und übrigen Mitglieder der Flugzeugbesatzungen in sehr hohen Prozentzahlen ihr Leben lassen. Von den insgesamt 125 000 Besatzungsangehörigen des britischen Bomber Commands fielen 55 000 Mann oder 44 Prozent.
Im Jahr 1943 standen die Chancen, einen Luftangriff heil zu überstehen, bei eins zu sechs; im November 1943 schaffte es nur jeder Fünfte, von einem Feindeinsatz gesund wieder nach Hause zurückzukehren. Nach dreißig Einsätzen war eine Besatzung zu zwei Dritteln aufgebraucht. Auf dem Höhepunkt des Krieges im Jahre 1944 umfassten die Luftstreitkräfte der USA 243 Kampfgeschwader mit einem Personalstamm

350 US-Bomber („Flying Fortresses") im besetzten Deutschland, September 1945

350 American Bombers ("Flying Fortresses") in occupied Germany, September 1945

Americans usually secured its bombing fleet with fighter planes known as the "Mustang". The German answer to all of this on the other hand was technically revolutionary, namely the development of the defence missile and the fighter jet. In the end, however, this technical advantage couldn't be capitalized on because the weapon production capacity had been greatly reduced as a result of the damage done to the German arms industry.

In 1945, the Allies had more than twenty times more war planes than they had available in 1942.
What determined the outcome of the war wasn't just the bombers, which had a high tonnage capacity and a long range of around 2,500 miles, but also the new technical development of radar navigation, which precisely guided pilots to their targets even during bad weather and complete darkness. The third element in the equation was the colorful array of explosives which were developed.
In January 1943, the American military agreed on a joint strategy with the British – to coordinate their air forces and air offensive strikes. Starting in mid-1943, the offensive had clear rules: the British Air Force bombed at night, the Americans by day. The 8th US Air Force Division had been stationed in Britain anyway for over three months to recuperate and to train specifically for the European theater.

As long as the German defence system was intact, the American and British Air Forces had to accept heavy losses. This didn't change until the fall of 1944, when nearly all German fighter planes had been destroyed. When in addition the German anti-aircraft units were sent away from German cities and onto the front lines to secure borders, American and British bombing units were virtually without opposition and could operate more and more low-altitude air strikes.

Compared to the German Luftwaffe, American and British pilots enjoyed a training period which lasted twice as long. There were also seven times more of them than there were German pilots.
Nevertheless, a high percentage of American and British pilots and Air Force crew lost their lives in the war effort. From a total of 125,000 members of the British Bomber Command, 55,000 (44 percent) lost their lives.

von insgesamt 2,4 Millionen Menschen.
Schon vor dem Kriegseintritt der USA begannen die Fabriken rund um die Uhr mit der Massenproduktion von Flugzeugen und Munition. Insgesamt wurden über 320 000 Flugzeuge gebaut, was die Gesamtproduktion Deutschlands und Japans übertraf.

In 1943, the chance of surviving an air raid was one in six. In November of 1943, the chance was one in five of returning home uninjured. After 30 operations, two-thirds of a unit was lost.
At the height of the war in 1944, the American Air Force consisted of 243 fighting squadrons and 2.4 million people.

Even before America entered the war, factories began churning out aircraft and ammunition around the clock, producing over 320,000 aircraft and overwhelming the production of Germany and Japan.

US-B-17-Bomber beim Bombenabwurf über Nürnberg, Februar 1945

US B-17 Bombers dropping bombs over Nuremberg, February 1945

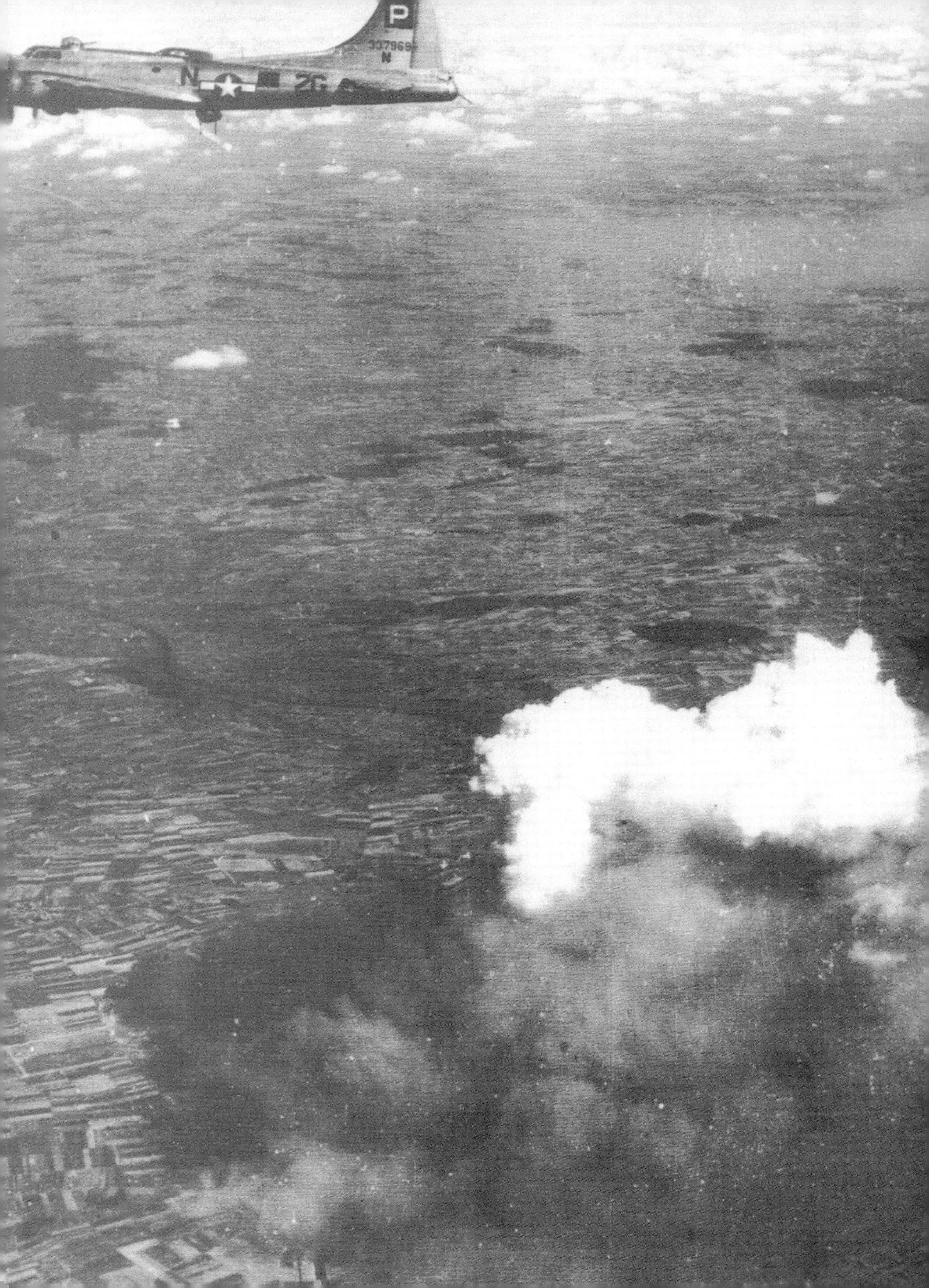
P
N
N
2G

„Morale Bombing“
Dauerbombardement und deutsche Durchhaltemoral

„Es gibt ein überwältigendes Bedürfnis nach Schlaf und gar keines, Hitler zu stürzen.“ Jörg Friedrich

“Morale Bombing”
Continual bombardment and the morale of German endurance

“There's an overwhelming longing for sleep, but none to overthrow Hitler.” Jörg Friedrich

Essensausgabe an Ausgebombte

in Nürnberg, 23. April 1945

Food rationing for victims of air strikes in

Nuremberg, April 23rd 1945

Der Zweite Weltkrieg führte auf allen Seiten zu unglaublichem Zynismus – so zitiert Jörg Friedrich einen Ausspruch Winston Churchills, demzufolge die Deutschen nicht länger in ihren Städten zu leben bräuchten: sie sollten schlicht aufs Land gehen und von den Hügeln aus zuschauen, wie ihre Wohnungen verbrennen.

Von vorneherein stand bei den Überlegungen der Militärs die Demoralisierung der deutschen Zivilbevölkerung ebensosehr im Vordergrund wie die eigentliche Zerstörung der Industrie und Infrastruktur des Kriegsgegners.

Schon im Sommer 1940 hatten die Planer des Luftkriegs nicht etwa den Kampf einer Luftstreitmacht gegen die andere im Sinn – ihr erklärtes Ziel war der sorgfältig geplante Angriff auf eine Stadt und dort speziell auf die Wohnbauten. Aus den Angriffen auf die Zivilbevölkerung bestand die primäre Strategie der Luftwaffe, die Bombenangriffe waren also keineswegs als taktische Einzelmaßnahmen gedacht – die Überlegungen der Royal Air Force zielten letztlich von Anfang an auf das Brechen der Durchhaltemoral der Bevölkerung durch das gewaltsame Auslöschen ihrer Städte.

World War II led to incredible cynicism on all sides, as Jörg Friedrich points out by quoting Winston Churchill, in which he advises Germans to get out of their cities; they should go to the countryside and watch their homes being burned from the surrounding hilltops.

From the very beginning, military strategy consisted of demoralizing the German civilians as well as destroying enemy infrastructure and industrial targets.

As early as the summer of 1940, air-war strategists weren't planning on having one air force fighting the other – their open objective was to carefully plan attacks on cities and their living quarters. Attacking the civilian population was the primary strategy of the Air Force – this wasn't by any means a tactical exception to the rule. From the start, the Royal Air Force aimed to destroy the morale of German civilians by completely eradicating their cities.

The main priority of the British Bomber Command under its Commander in Chief, Sir Arthur Harris, was to end the war as fast as possible by massively bombing the enemy cities and their inhabitants. Because the primary objective was to demoralize the civilian population, this strategy became known as "morale bombing".

This bloody method was hotly debated in Great Britain. Dr. George Bell, Bishop of Chichester, caused quite a stir at a debate in the British Upper House by making these comments:

"Placing the Nazi murderers in the same league with the German populace against whom they have committed their crimes encourages barbarism... I demand that the government be held accountable for its policy of bombing enemy cities in the current manner, especially in regards to civilians, who are non-combatant, as well as non-military and non-industrial targets... To eradicate entire cities, just because military and industrial facilities are located in parts of these cities, negates proportionality. The Allies stand for something greater than power. The inscription on our banner is justice." (Quoted from Jörg Friedrich)

Behausung von Ausgebombten
in Nürnberg, 23. April 1945

Housing for victims of air strikes
in Nuremberg, April 23rd 1945

Erklärtes Ziel des britischen Bomber Command unter seinem Commander-in-Chief Sir Arthur Harris war es, den Krieg möglichst schnell durch massive Angriffe auf die feindlichen Städte und die Stadtbewohner zu beenden; weil also primär die Durchhaltemoral der Zivilbevölkerung ins Visier genommen wurde, hieß die Strategie in der Fachsprache der Militärs „morale bombing".

Diese blutige Praxis wurde auch in Großbritannien sehr wohl kontrovers diskutiert. So löste Dr. George Bell, der Bischof von Chichester, bei einer Debatte im britischen Oberhaus durch folgende Worte Tumult aus:
„Die Nazimörder in die gleiche Reihe mit dem deutschen Volk zu stellen, an dem sie sich verbrecherisch vergangen haben, heißt, die Barbarei voranzutreiben. (...) Ich verlange, dass die Regierung zur Rechenschaft gezogen wird wegen ihrer Politik der Bombardierung feindlicher Städte im gegenwärtigen Umfang, insbesondere hinsichtlich von Zivilisten, die Non-Kombattanten sind, sowie von nichtmilitärischen und nichtindustriellen Zielen. (...) Eine ganze Stadt auszulöschen, nur weil sich in einigen Gegenden militärische und industrielle Einrichtungen befinden, negiert die Verhältnismäßigkeit. Die Alliierten stehen für etwas Größeres als Macht. Die Hauptinschrift auf unserem Banner ist Recht." (Zitiert nach Jörg Friedrich, S. 100.)

1941 jedenfalls hatten die Schreibtischstrategen der R.A.F. ausgerechnet, dass monatlich 60 000 abgeworfene Bomben, das Zehnfache des Bisherigen, 43 deutsche Städte mit je über 100 000 Einwohnern zerstören könnten. Fünfzehn Millionen Zivilisten wären somit betroffen, dadurch sei Deutschland innerhalb von sechs Monaten zu bezwingen.

In any case, strategists of the Royal Air Force in 1941 had calculated at their desks that 60,000 dropped bombs per month, ten times more than up till that point, would be capable of destroying 43 German cities, each with a population of over 100,000. 15 million civilians were therefore targeted, and Germany would be beaten within six months.

In spite of the ongoing bombardments, the Germans held tough in their bunkers, including those living in Nuremberg, as quoted from an American document:

U.S. National Archives, RG 243, U.S. Strategic Bombing Survey, General Records 64 BK (28), Special Report (Nuremberg) III, Shelter and Air Raid Life
"A. Life in a Nuremberg Shelter (Extract from a diary kept by a doctor)

March 1945
Our subterranean quarters under the completely demolished houses are very primitive: no light, no water, a strong smell of burning. The cold is beginning to make itself felt. The debris above the shelter is piled so thick that even when it rains and snows no water seeps through. But what will it be like when the snow thaws? Having lost our radio we suffer much from being unable to hear the forewarnings about raids so that we have to go to the shelter for every little alarm. In addition the sirens are working badly. They go off at widely varying times. Sometimes our siren starts up five minutes after the siren in another quarter of the city. Sometimes they are so soft that we don't hear them.
I am surprised to find how soundly we sleep. No sooner do we get back home from the shelter than we sleep soundly without worry or nerves, and the same seems to be the case with most other people in Nuremberg. As soon as an alarm or a raid is over a general cheerfulness breaks out which is astonishing.

Nürnberger in schnell errichteten Holzverschlägen, im Vordergrund eine Frau bei der Kleiderwäsche, 24. April 1945

Eine Frau kocht Wäsche vor der Hütte, während ihr Mann Blech für das Dach schneidet. 24. April 1945

Nuremberg residents in makeshift shacks, in the foreground a woman washing clothes, April 24th 1945

A woman boiling laundry in front of her shack, while her husband cuts tin for the roof. April 24th 1945

Trotz des Dauerbombardements harrten die Deutschen jedoch noch lange in ihren Bunkern aus, auch in Nürnberg, wie folgende US-Quelle zeigt:

„A. Leben im Luftschutzkeller (Auszug aus dem Tagebuch eines Arztes)

März 1945

Unsere unterirdischen Behausungen unter den vollständig zerstörten Häusern sind äußerst primitiv: kein Licht, kein Wasser, dazu intensiver Brandgeruch. Auch die Kälte macht sich allmählich bemerkbar. Die Schuttberge über dem Luftschutzbunker sind so dick, dass selbst bei Regen und Schnee kein Wasser eindringt. Was aber wird sein, wenn der Schnee zu tauen beginnt?

Da wir unser Radiogerät eingebüßt haben, haben wir sehr darunter zu leiden, dass wir die Warnungen vor den Luftangriffen nicht länger hören können. Bei jedem kleinen Alarm müssen wir sofort in den Bunker. Außerdem funktionieren die Sirenen nicht mehr richtig. Sie gehen zu ganz unterschiedlichen Zeiten los. Manchmal fängt unsere Sirene erst fünf Minuten nach den Sirenen in einem anderen Stadtteil an. Manchmal sind die Sirenen so leise, dass wir sie nicht hören.

Ich bin überrascht, wie tief und fest wir schlafen. Kaum kommen wir aus dem Luftschutzbunker zurück in die Wohnung, schlafen wir sofort ein, ohne uns Sorgen zu machen oder Angst zu haben; den meisten anderen Nürnbergern scheint es nicht anders zu ergehen. Kaum ist ein Angriffsalarm oder ein Luftangriff vorüber, bricht sich eine allgemeine Heiterkeit Bahn, die ganz erstaunlich ist.

Es amüsiert einen, die ausgiebigen Vorbereitungen der Bewohner des Luftschutzbunkers mitanzusehen; die meisten kommen schwer beladen an. Die einzige Ausnahme bildet Frau Brenneis. Sie ist so unbeschwert, dass sie lediglich mit einer über die Schulter geworfenen Wolldecke daherkommt, die sie auf die Holzdielen legt, dann schläft sie sofort ein und verschläft den ganzen Angriff.

Alle gehen vollständig bekleidet zu Bett; manche behal-

It is amusing to watch the elaborate preparations made by the shelter inhabitants; most of them arrive loaded down with equipment. Frau Brenneis is the only exception. She is so light-hearted that she arrives with only one woolen blanket over her shoulder which she lays down on the wooden planks and then she proceeds to sleep right through the raid.

People go to bed fully dressed; some even keep their shoes on. The cold is still just bearable, but what is it going to be like later on? How much longer will the war last? People talk about this very little; they take their fate apathetically. One thing seems certain; the raids alone are hardly going to end the war. One loses all one owns, one hears that this person or that has been killed, that lots of bodies are still lying buried under a house, that this or that famous building is in ruins, yet one feels scarcely any reaction. Is this lack of pity, innate hardness of heart? I think rather it is like some dreadful system of education that smothers every expression of feeling. How much will later have to be released!

No one here thinks about rebuilding. No one thinks seriously anymore about working. No one has any feeling of responsibility.

It's as if, after the latest decree of this total war, the calling up of the Volkssturm, the bow had been overstretched till it broke.

Our residence in this shelter is becoming more and more unpleasant. Though there are fewer people at night, the cold is now piercing. The next-door shelter is heated – but only totally bombed-out persons with special permission from the Ortsgruppenleitung are allowed in. It would be impossible for us to get such permission. At all costs we must stay in the background as much as possible. (The diarist's wife is half-Jewish.) One of the shelter wardens is very brutal and drunk most of the time. The stench from the partition where the latrines are is terrible.

It is very noticeable that practically none of the people

Anwesen „Kleine Waage" in der Winklerstraße, Oktober 1946

Residence Kleine Waage (Little Scale) on Nuremberg's Winkler Street, October 1946

ten sogar die Schuhe an. Die Kälte ist noch erträglich, aber wie wird es demnächst werden? Wie lange wird der Krieg noch dauern? Man spricht nur sehr wenig darüber; die Leute nehmen ihr Los apathisch hin. Nur eines scheint gewiss: die Luftangriffe alleine werden den Krieg wohl kaum beenden. Man verliert all seinen Besitz, man hört, dass der oder der ums Leben gekommen ist, dass noch immer jede Menge Leichen unter einem Haus verschüttet liegen, dass dieses oder jenes berühmte Bauwerk in Schutt und Asche liegt – trotzdem verspürt man kaum eine Reaktion. Ist das fehlendes Mitleid, angeborene Hartherzigkeit? Ich denke eher, dass das Ganze wie ein schreckliches Erziehungssystem wirkt, das jede Gefühlsäußerung im Keime erstickt. Wie viel Verdrängtes wird später mit Macht heraus müssen!
Niemand denkt daran, etwas wieder aufzubauen. Niemand denkt ernsthaft daran, wieder an die Arbeit zu gehen. Niemand hat irgendwelches Verantwortungsgefühl.
Es kommt einem so vor, als hätten die jüngst erfolgte Ausrufung des totalen Kriegs und die Einberufung des Volkssturms den Bogen überspannt, bis er zerbrochen ist.
Unser Aufenthalt im Luftschutzbunker wird immer unangenehmer. Obwohl nachts weniger Leute hier sind, ist die Kälte jetzt schneidend. Der Bunker nebenan ist beheizt – aber nur, wer total ausgebombt wurde und eine Sondererlaubnis der Ortsgruppenleitung vorweisen kann, wird eingelassen. Für uns wäre es ein Ding der Unmöglichkeit, diese Genehmigung zu bekommen. Wir müssen uns so weit es irgend geht, im Hintergrund halten, koste es, was es wolle. [Die Frau des Tagebuchschreibers ist Halbjüdin.] Einer der Luftschutzwarte ist überaus brutal und die meiste Zeit besoffen. Der Gestank aus dem abgetrennten Bereich mit den Latrinen ist furchtbar.
Es ist auch nicht zu übersehen, dass hier unten praktisch niemand aus wohlhabendem Hause stammt. Vermutlich sind die Leute mit Geld allesamt in die Dörfer außerhalb Nürnbergs geflüchtet.
Trotz all des Leids, das jeder zu tragen hat, und trotz der extremen Mühen, die es einem macht, sich wegen des unablässigen Luftangriffsalarms etwas zu essen zu besorgen, wird all das mit einer verdächtigen Ruhe hingenommen. Nicht ein einziges Mal hört man Protest. Jedermann weiß, dass etwas geschehen muss; nur sehr wenige glauben an den Sieg. Aber kein Mensch denkt ernstlich darüber nach, wie das Ganze enden kann."

here come from the well-to-do classes. Probably they have all taken refuge in villages outside town.
In spite of the sufferings that everyone has to bear, in spite of the extreme difficulty of getting a meal because of the incessant alarms, all this is borne with a suspicious calm. Not once does protest become vocal. Everybody knows that something must happen; very few believe in victory. But nobody thinks seriously how it can end."

The fatalistic mood, as captured by the diary quoted above, is also conveyed in excerpts of field post letters to German soldiers. The letters were intercepted by Americans and analysed by Allied intelligence experts to acquire more information on the condition of morale among the German civilian population.

Laufer Torzwinger, September 1946

The tower of Lauf Gate, September 1946

Excerpt of a Field Post letter from the city of Hersbruck to Konrad Fürbacher, which was forwarded to the Marine Post Office in Brussels.
Hersbruck, September 12th, 1944
"...I'm sure you've heard that the bombers were in Nuremberg, but only directly in Nuremberg, not in the surrounding areas.
It was a Sunday morning at 11 o'clock. The horror of it all is still in our bones. Now they come day and night. I hope they don't do it like they did in Munich."

Excerpt from a Field Post letter from the city of Schwabach to Josef Fiegl, addressed to the Marine Post Office in Brussels
Schwabach, September 13th, 1944
"Now we've been having a lot of air raid alerts too. They attacked Nuremberg on Sunday. They've done quite a bit of damage. A lot of people became homeless. On Sunday noon. Whole swarms of planes flew over Nuremberg. They really let it come down..."
Source: U.S. National Archives, RG 243, U.S. Strategic Bombing Survey, General Records. 64 Bj (20)

Quelle: U.S. National Archives, RG 243, U.S. Strategic Bombing Survey, General Records 64 BK (28), Special Report (Nuremberg) III, Shelter and Air Raid Life, A. Life in a Nürenberg Shelter (Extract from a diary kept by a doctor)

Die fatalistische Stimmung, die der oben zitierte Tagebuchschreiber registriert hatte, spricht auch aus den beiden Auszügen aus Feldpost-Briefen an deutsche Soldaten. Die Briefe wurden von den Amerikanern abgefangen und von Experten bei den alliierten Truppen ausgewertet, um auf diesem Wege Genaueres über den „moralischen Zustand" der deutschen Bevölkerung zu erfahren.

Auszug aus einem Feldpost-Brief aus Hersbruck an den Gefreiten Konrad Fürbacher, der zur Weiterleitung an das Marine Postamt Brüssel adressiert war.
Hersbruck, 12. September 1944
„(...) Daß die Flieger in Nürnberg waren, wirst schon gehört haben, aber direkt in Nürnberg, draußen herum nichts.
Es war Sonntag früh um 11 Uhr. Der Schrecken sitzt uns jetzt noch allen in den Gliedern. Sie kommen jetzt Tag und Nacht zu uns. Hoffentlich machen sie es nicht so, als wie in München. (...)"
Auszug aus einem Feldpost-Brief aus Schwabach an den Obergefreiten Josef Fiegl, adressiert an das Marine Postamt Brüssel.
Schwabach, 13. September 1944
„Wir haben jetzt auch immer viel Fliegeralarm. Am Sonntag haben sie Nürnberg angegriffen. Sie haben einen ganz schönen Schaden angerichtet. Es hat wieder viel Obdachlose gegeben. Am Sonntag Mittag. Es haben ganze Schwärme Nürnberg überflogen. Sie haben auch ziemlich was fallen lassen. (...)"
Quelle: U.S. National Archives, RG 243, U.S. Strategic Bombing Survey, General Records. 64 Bj (20)

Kondensstreifen von US-Bombern über Nürnberg, 20. Februar 1945, Fotosammlung Huffschmid (Fotograf Georg Resch)

Vapor trails of American bombers over Nuremberg, February 20th 1945, Photographic collection Huffschmid (photographer Georg Resch)

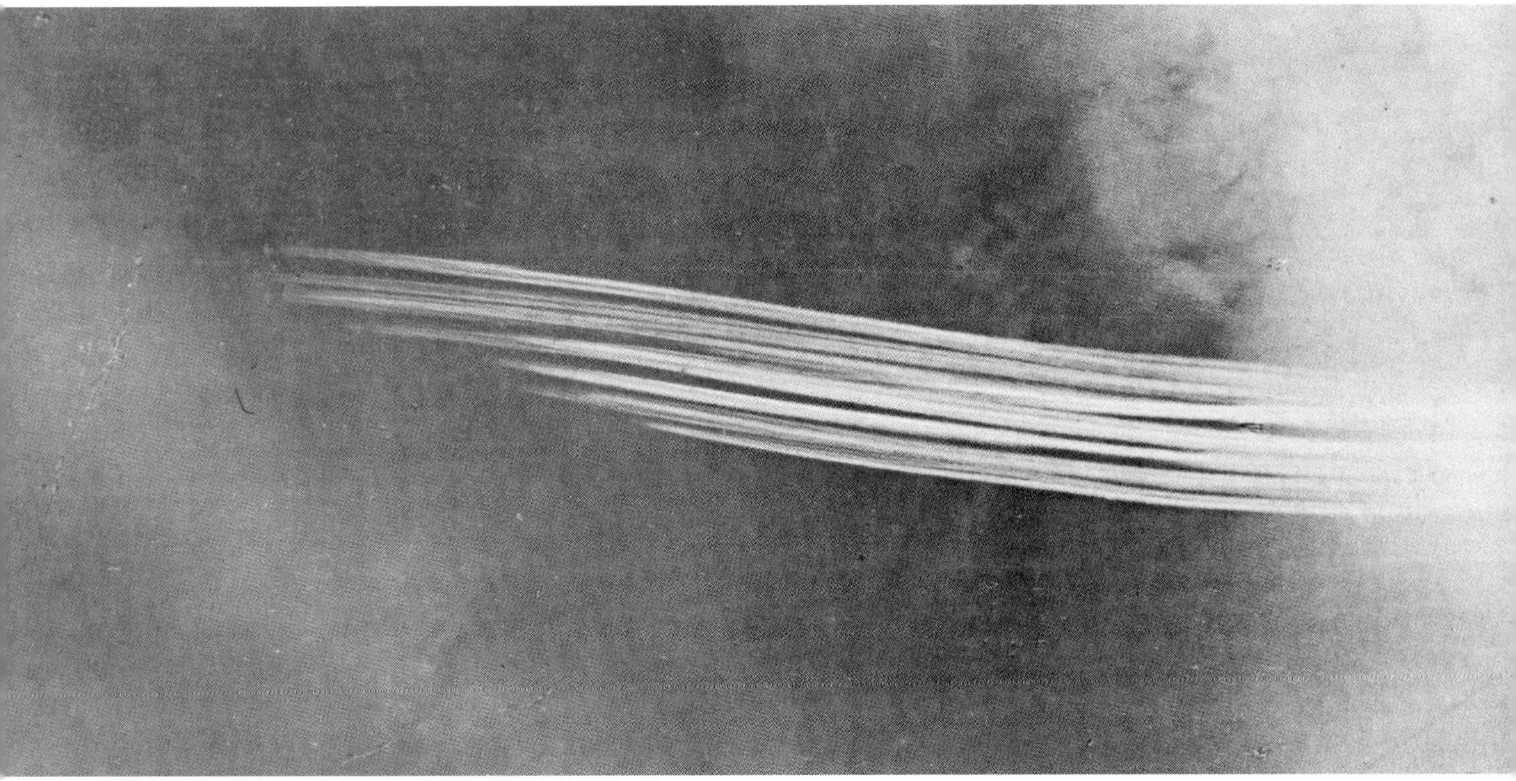

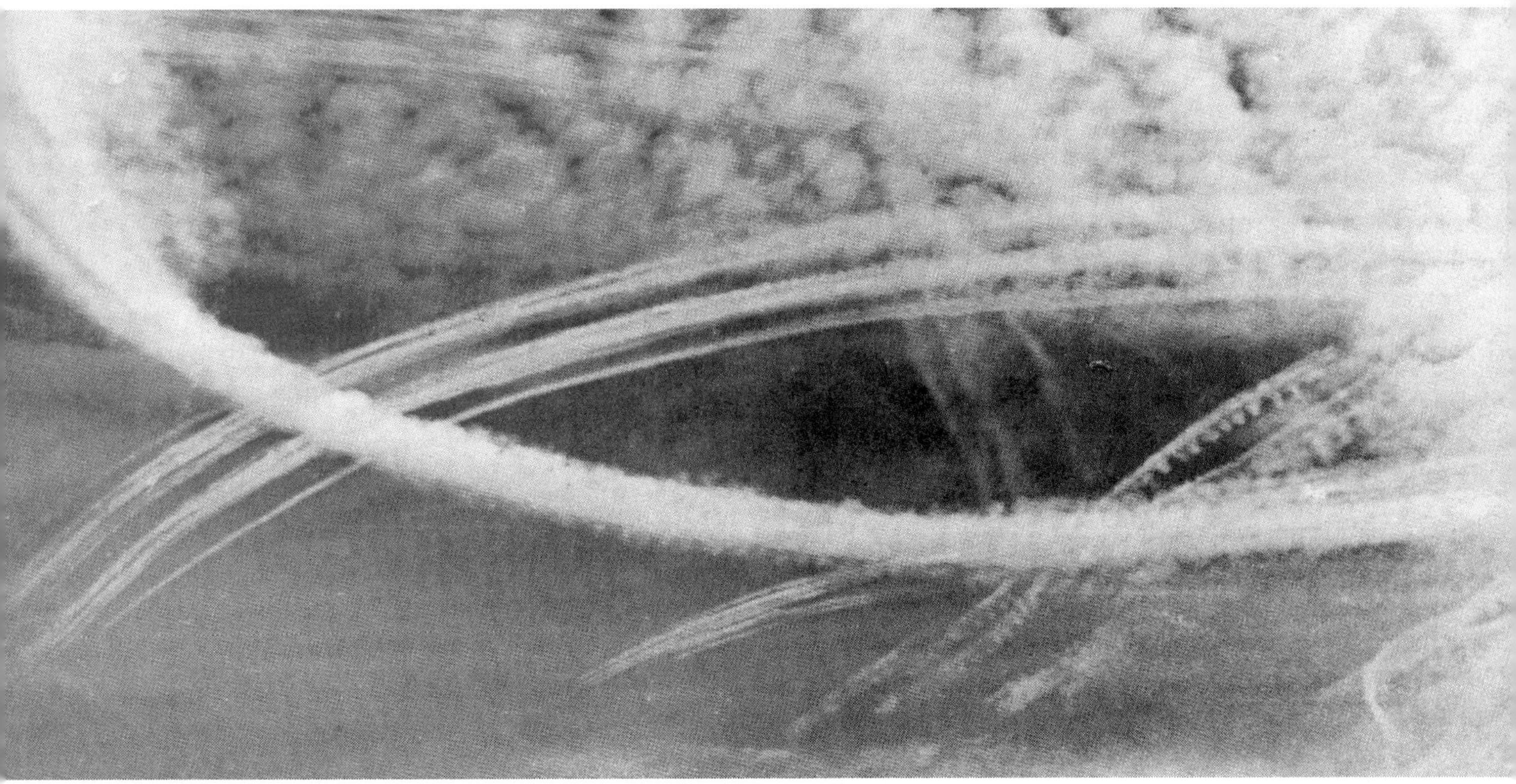

Nürnberg am 2. Januar 1945
Größter Bombenangriff und „Weltuntergang“

„Die intakt gebliebenen, militärisch nun irrelevanten geschichtlichen Schreine wie Hildesheim, Magdeburg, Dresden, Würzburg und Nürnberg werden im letzten Kriegsvierteljahr seriell zerstört. Allem Anschein nach ist dabei Verstand am Werk. Sind nicht diese Städte die großen Darsteller? Sie stellen dem Volk der Deutschen seine Herkunft dar. (...) Damit auch wirklich nichts übrigblieb, wurde der Schutt bis April noch zweimal amerikanisch und britisch zerklopft.“

Jörg Friedrich

Nuremberg on January 2nd, 1945
Heaviest bombing and the “End of the world”

"The still intact and strategically irrelevant historic shrines like Hildesheim, Magdeburg, Dresden, Würzburg and Nuremberg are destroyed in series in the last quarter year of the war. It all seems well considered. Aren't these cities the main characters? Their performances depict heritage to the German people... So that absolutely nothing would remain, the rubble was bombed again twice by April, by the Americans and the British."

Jörg Friedrich

Die zerstörte Innenstadt Nürnbergs, 25. April 1945

Nuremberg's destroyed old town, April 25th 1945

Der dichteste Bombenhagel trifft die deutschen Städte ab dem Herbst 1944. Von der gesamten innerhalb von fünf Jahren Luftkrieg auf die deutschen Städte abgeworfenen Bombentonnage der Royal Air Force entfällt mehr als die Hälfte auf die letzten neun Monate des Krieges. Bis 1943 sterben im Monat über 8 000 Zivilisten, vom Juli 1944 an lag die Zahl der zivilen Opfer dagegen bei 13 500 Toten.

Die Gesamtzahl der vorwiegend zivilen Opfer in diesen letzten noch nicht einmal fünf Monaten belief sich auf insgesamt 130 000 Menschen.

In diesem Zeitraum warf die britisch-amerikanische Bomberflotte allein zwischen Januar und April 1945 noch einmal 370 000 Bombentonnen auf die ohnehin schon geschundenen Städte, insgesamt also weit über ein Viertel der Gesamtabwurfmenge auf einen Gegner, der fast schon am Ende war.

Nürnberg hatte es lange geschafft, dem Bombenkrieg zu entgehen; teils verfehlten die alliierten Navigatoren ihr Ziel, teils wurden die Angreifer vom Flakfeuer abgeschossen bzw. vertrieben.

(Georg Wolfgang Schramm registriert in seinem Buch „Bomben auf Nürnberg. Luftangriffe 1940-1945", München (Hugendubel) 1988, insgesamt 28 Luftangriffe auf die Stadt im Zeitraum vom 29. August 1942 bis zum 11. April 1945; Schramms auch mit Fotos illustrierte Dokumentation basiert vor allem auf deutschen Dokumenten.)

Zuletzt aber schlug auch der alten Reichsstadt Nürnberg die Stunde: Bereits am 3. Oktober 1944 mittags erlebte Nürnberg bedeutende Verwüstungen. Die 454 „Fliegenden Festungen" der 8. US-Flotte trafen unter anderem die Sebalduskirche, die Burg, das Dürerhaus, das Pellerhaus und den vierhundertjährigen Friedhof St. Rochus.

Wöhrder Kirche, November 1946

Färberstraße 17, Oktober 1946

Church in Wöhrd, November 1946

Färberstrasse 17, October 1946

The most intensive bombing of German cities began in the fall of 1944. Of all the bombs dropped on German cities by the Royal Air Force during the five years of war, more than half was dropped in the last nine months of the war. Up until 1943, more than 8,000 German civilians were dying per month. Beginning in July 1944, the average number of civilian casualties rose to 13,500.
The total amount of mostly civilian casualties in the final phase of the war came to 130,000.
In this period, the British-American forces dropped another 370,000 tons of bombs onto the already destroyed cities, comprising a total of far more than a quarter of all bombs dropped, onto an enemy which was nearly devastated.

Nuremberg had managed for a long time to avoid the bombs; sometimes the Allies missed their targets, and partially the attacks were prevented by antiaircraft.
(Georg Wolfgang Schramm registers in his book "Bombs on Nuremberg. Air strikes 1940-1945", Munich (Hugendubel) 1988, a total of 28 days of air strikes in Nuremberg from August 29th, 1942 until April 11th, 1945; Schramm's photo-illustrated documentation is based mainly on German documents.)
In the end, however, time had run out on the ancient city of Nuremberg: Already on October 3rd, 1944, at noontime, Nuremberg suffered heavy damage. Among targets hit by the 454 "Flying Fortresses" of the 8th US Division were the St. Sebaldus Church, the castle, the Dürer House, the Peller House and the four-hundred year old cemetery St. Rochus.

On January 2nd, 1945, a night air strike on Nuremberg almost completely destroyed Nuremberg's old town, killing 1,794 people (during the entire war, more than 6,000 died in Nuremberg in air strikes).
The historically significant old town with its narrow, winding streets went ablaze, everything turned to smoke and ash within 53 minutes. Buried in the rubble were 2,000 medieval buildings, including the castle, the Tucher Palace, the Hans Sachs House, the Veit Stoß House, and the churches of the Holy Spirit and St. Egidien.
In regarding the attacks from January to May 1945 which systematically destroyed the already heavily battered Nazi Germany, it is difficult

Am 2. Januar 1945 zerstörte ein Nachtangriff die Nürnberger Altstadt fast vollständig und tötete 1 794 Menschen. (Während des gesamten Krieges zählte Nürnberg über 6 000 Bombentote.)
Die historisch so bedeutsame Altstadt mit ihren engen, verwinkelten Gassen brannte lichterloh, alles war nach 53 Minuten in Rauch und Asche verwandelt. In Trümmer lagen 2 000 mittelalterliche Häuser, darunter die Burganlage, das Tucherschloss, das Hans-Sachs-, das Veit-Stoß-Haus, die Heiliggeist- und die Egidienkirche.

Bei dieser von Januar bis Mai 1945 systematischen Vernichtung des bereits schwer angeschlagenen Nazideutschland sind militärisch sinnvolle oder auch nur irgendwie nachvollziehbare Zwecke nur mit Mühe auszumachen.
„Wir hatten dabei zerstörte Städte nochmals zu zerstören", schrieb Sir Arthur Harris, der seit 1942 an der Spitze des britischen Bomber Command stand, *„um etwa darin wiedererstandene Industrien zu vernichten. In den meisten war längst alles Brennbare in Asche verwandelt, und dort ließen sich jetzt nur noch schwere Sprengbomben werfen, die ich für diesen Zweck rechtzeitig in reichlichen Mengen hatte bereitstellen lassen. Denn jetzt galt es gegen Ruinenstädte zu wirken, in denen sich die Menschen in die Keller verkrochen hatten."*
(Zit. nach Jörg Friedrich, S. 108.)

Über den 2. Januar 1945 schreibt Claude Ollier, damals französischer Zwangsarbeiter in Nürnberg, heute ein bekannter französischer Schriftsteller, in seinem 1988 veröffentlichten Rückblick :
„Die Häuser gegenüber brennen, die ganze Stadt brennt, nahezu lautlos, nur ein leises Knistern überall auf den Dächern, der dumpfe Aufprall eines Balkens, das Pfeifen der Flammen im Wind, stürmischer Wind überall.
Stabbrandbomben stecken schräg im Pflaster, wo der Phosphor verzischt, schwärzt sich der Stein (...)."
Quelle: Claude Ollier, Bildstörung, Frankfurt a.M. (Bibliothek Suhrkamp) 1991, S. 121

to find sensible strategic justification for the destruction.
"It was our objective to destroy cities which had already been destroyed", wrote Sir Arthur Harris, who had been head of the British Bomber Command since 1942, *"in order to destroy industries which were being rebuilt. In most places everything flammable had already been turned to ash, and in these places only heavy explosives could be used, which I had ordered in time in sufficient amounts. For it was time to act against these cities of ruins, in which people had crawled into their cellars."* (As quoted by Jörg Friedrich, P. 108)

Writing about the 2nd of January 1945 was Claude Ollier, at the time French forced laborer in Nuremberg, today a well known French author, in his 1988 published reflections:
"The buildings across the way are burning, the whole city is burning, almost silently, just a soft crackling everywhere on the roofs, the muted impact of a falling beam, the whistling of the flames in the wind, raging wind everywhere.
Fire bomb sticks are mounted crooked into the cobblestone; where the phosphorous hisses, the stone turns black..."
Source: Claude Ollier, Bildstörung, Frankfurt a.M. (Suhrkamp Library) 1991, P. 121

The blaze of the burning city was so immense that it could be made out all the way over in the city of Pilsen. The Czech poet Karla Erbova:

Nalet na Norimberk
Air strike on Nuremberg (translated from Czech by Erika Annuß)

The water in the fountain lamented all the night
All the way to Pilsen then burned the sky.
And the morning thereafter was not morning.

Struck down the KNIGHT in the valley below the bridge of feasting
Only DEATH and DEVIL on the burned down gates
Mowed down the earth.
The rubble of the cathedrals
With their remaining fingers swearing to the wind.
This sigh of the bells

Königstor und Victoria Hotel, 1946

King's Gate and Victoria Hotel, 1946

Der Feuerschein der brennenden Stadt war so gewaltig, dass er auch in der Stadt Pilsen noch wahrnehmbar war. Die tschechische Lyrikerin Karla Erbova:

Nalet na Norimberk
Luftangriff auf Nürnberg
(aus dem Tschechischen von Erika Annuß)

Das Wasser in den Brunnen klagte die ganze Nacht.
Bis nach Pilsen brannte damals der Himmel.
Und der Morgen dann glich nicht den Morgen.

Erschlagen der RITTER in der Schlucht zu
Schmausenbrück,
nur TOD und TEUFEL an den niedergebrannten Pforten.
Abgemäht die Erde.
Die Trümmer der Kathedralen
mit den verbliebenen Fingern schwören dem Wind.
Dieser Seufzer der Glocken
die von den Türmen fallen!

Die Melancholie mit hängenden Flügeln
verschloss die Augen –
wie grauenhaft ist es
zu S E I N !
Die Engelsposaunen, die REITER zerstampften,
wehklagen –
Und gott?
Dieser Fliehende
vor dem Schreien der Mütter?!...

Nur Meister Dürer,
Strich um Strich,
wie Wort für Wort,
wie Stein auf Stein,
baut Nürnberg mit seinem Stichel aufs neu.

Which from towers fall!

The melancholy with hanging wings
Closed its eyes –
How dreadful it is to BE!
The angel trumpets, crushing the HORSEMEN,
Lament –
And God?
This fleeing
From the screams of the mother?!...

Only Master Dürer,
Stroke by Stroke
And Word by Word
And Stone by Stone
Can build Nuremberg with his gouge anew.

Vogelschau auf die Südstadt,
8. Mai 1945

Aerial view of the South Town,
May 8th 1945

8MAY45F12
305 500

Burg und Dürerhaus

Nürnberger Sehenswürdigkeiten in Schutt und Asche

„Stein ist Schauplatz der Geschichte" Jörg Friedrich

The Castle and Dürer House

Nuremberg's famous sites buried in debris and ashes

"Stone is History's Stage" Jörg Friedrich

◄

Dürerhaus, ca. 1946

▲

Kaiserstallung von Süden, September 1946

◄

Dürer House, around 1946

▲

Kaiser's stables from the south,

September 1946

Albrecht-Dürer-Platz von Nordwesten,
Ende Oktober 1946

Kleiner Kreuzgang
im Germanischen Nationalmuseum,
November 1946

Albrecht Dürer Square from the northwest,
End of October 1946

Small cloister in the Germanic National
Museum, November 1946

Speziell aber der Stein, das vermeintlich widerstandsfähigste Baumaterial, wird zum Opfer der Bomben. Die Bewohner der Städte können auf die Dörfer fliehen oder sich in Bunkern verschanzen – ihre Häuser aber mussten stehenbleiben, wo sie waren, sie ließen sich nicht schützen, waren den Bomben und den Flammen schutzlos ausgeliefert. So war es paradoxerweise das sprichwörtlich härteste Material, das am ärgsten vom Krieg in Mitleidenschaft gezogen wurde.

Burg

Die Burg, über Jahrhunderte hinweg in vielen europäischen Städten das zentrale Symbol für Schutz und Trutz, lag zu weiten Teilen in Trümmern.

Auf der Burg ließen die Nazis Flugabwehrgeschütze in Stellung bringen - dies führte allerdings dazu, dass die Burg zu 70 Prozent zerstört wurde.

In den Augen der Schreibtischstrategen des britischen Bomber Command galt die Burg eindeutig als militärisches Ziel, außerdem ergab sie einen erstklassigen Orientierungspunkt. Wer heute die imposante Burganlage besichtigt, sieht überwiegend eine Nachahmung.

Dürerhaus

Das Denkmal, das die Nürnberger stolz ihrem berühmten Sohn Albrecht Dürer gesetzt hatten, war umgeben von Unmengen Bombenschutt.

Das Dürerhaus selbst wankte unter seinen Treffern.

Germanisches Nationalmuseum

Alle Museen, Aufbewahrungsorte der Schätze und der Erinnerungsstücke vieler Generationen, waren längst leer geräumt. Dennoch ging sehr viel wertvollstes Kulturgut unwiederbringlich verloren.

Manches lagerte in den Felsenkellern unter der Nürnberger Burg, anderes in Schächten von Bergwerken oder

Especially stone, supposedly the most durable building material, fell victim to the bombs. City dwellers could either flee to surrounding villages or hide in bunkers – their homes had to be left where they were, couldn't be protected, couldn't be saved from bombs and flames. What a paradox that it was the hardest building material which took the hardest beating from the war.

Castle

The castle, for over a thousand years the central symbol for protection and refuge in many European cities, lay mostly in ruins.

The Nazi antiaircraft system was installed at the castle – this however led to the castle being 70 percent destroyed.

In the eyes of the strategists of the British Bomber Command, the castle was clearly a military target, in addition it was an excellent point of orientation. Visitors to the castle today see mostly a copy of the original.

Dürer House

This monument, which the natives of Nuremberg proudly dedicated to their most famous son Albrecht Dürer, was surrounded by enormous amounts of rubble.

The house itself was shaken by bombs.

Germanic National Museum

All museums, which were storage houses of treasures and souvenirs of past generations, had long been emptied of valuables. Nevertheless, many precious and priceless cultural objects were forever lost.

Many objects were stored in the underground caverns of the Nuremberg Castle, others in mine shafts or in underground bunkers. However, conditions for storage were often less than optimal. Many objects suffered heavy damage, others were completely lost, others spoiled

in unterirdischen Stollen – nur waren die Lagerbedingungen meistens alles andere als optimal. Vieles litt ganz erheblich, manches ging ganz verloren, anderes verdarb und schimmelte, vermoderte und verblasste. Der Krieg meint es nicht gut mit den Zeugnissen von Kunst und Kultur. Dass bei der Auslagerung der Sammlungen viele nicht zu ersetzende Stücke bereits im Verlauf des Transports unwiederbringlich verloren gingen, kam hinzu.

Lorenz- und Sebalduskirche

Auch die Kirchen, seit altersher Stätten der Hoffnung und des Trostes, boten nicht länger einen Schutzraum, an dem sich die Gläubigen hätten einfinden können.

Als besonders gefährdet galten natürlich, wie leicht nachzuvollziehen, die mittelalterlichen Glasmalereien auf den Kirchenfenstern. Doch auch, wo sie abmontiert und an vermeintlich sicherem Ort eingelagert wurden, drohte ihnen Gefahr.

Schöner Brunnen

Wie viele andere Portale, Skulpturen und Denkmäler wurde auch der Schöne Brunnen auf dem Nürnberger Hauptmarkt in einem schützenden Korsett aus Ziegeln und Eisenbeton eingemauert.

▲

St.-Lorenz-Kirche mit entnommenen Kirchenfenstern, September 1946

▶ ▼

„Schöner Brunnen" mit Schutzkorsett auf dem Hauptmarkt (links) bei einer US-Armee-Feier April 1945 und ca. 1948

▲

The St. Lorenz Church with removed church windows, September 1946

▶ ▼

Famous fountain at the Market Square with protective corset at an American celebration April 1945 and ca. 1948

and rot, faded or mildewed. Wars are never good to art and culture of the past. In addition, many irreplaceable objects were destroyed or lost upon transporting them to a safer place.

The Churches of St. Lorenz and St. Sebaldus

The churches, age-old temples of hope and comfort, were also no longer a refuge to the believers who would have gathered there. Especially in danger, as one can easily imagine, were the medieval stained glass church windows. But they were still in danger after being dissembled and brought to a supposed safe haven.

Schöner Brunnen – Beautiful Fountain

Like other portals, sculptures and monuments, Nuremberg's famous fountain on the market square was protected and plastered in under bricks and steel concrete.

Der Panzer zwischen den Schuttbergen
Bodentruppen und Kriegsende

„Aus der Luft mußte der Kontinent invasionsfähig gebombt werden." Jörg Friedrich

The tank between the mountains of debris
Ground troops and the end of the war

"From the air, the continent had to be bombed to the point of being invadable." Jörg Friedrich

US-Bodentruppen in Nürnberg, 24. April 1945

American ground troops in Nuremberg, April 24th 1945

Trotzdem war es nicht der Luftkrieg, der zur Kapitulation der Deutschen führte; die Wehrmacht kapitulierte erst, nachdem die Alliierten mit zwei Bodenoffensiven das Land von Westen und von Osten eingenommen hatten. Zu diesem Zeitpunkt waren die deutschen Städte bereits weitgehend zerstört.

Zuvor hatte einzig und allein die deutsche Luftwaffe einen gewissen Schutz gegen die Bomber der Alliierten gewährt; 1943 wurden von der deutschen Kriegsindustrie und speziell von Messerschmitt Monat für Monat rund tausend Jäger produziert.

Nevertheless it wasn't the air war which led to Germany's surrender; the Wehrmacht didn't surrender until the Allied forces invaded from the east and from the west. At this point, German cities had already been largely destroyed.

Up until that point, the only protection from Allied air strikes was provided by the Luftwaffe; in 1943, the German war industry and especially the Messerschmitt company produced, month for month, around one thousand fighter planes.

◄ ▲ ►

US-Bodentruppen bei Kampfhandlungen in Nürnberg, 20. April 1945

◄ ▲ ►

American ground troops battling in Nuremberg, April 20th 1945

Analysen der Zerstörung
„US Strategic Bombing Survey“ (1945)

„Das strategische Bombardement ist etwas völlig anderes, es will aus der Luft den ganzen Krieg gewinnen.“
Jörg Friedrich

Destruction Assessment
“US Strategic Bombing Survey” (1945)

“Strategic bombardment is something totally different – it aims to win the whole war from the air.”
Jörg Friedrich

Königstor aus der Vogelschau, 8. Mai 1945

Aerial view of King's Gate, May 8th 1945

„The United States Strategic Bombing Survey (USSBS), die staatliche Stelle, die mit der Erfassung und Auswertung der militärischen Auswirkungen des Luftkriegs betraut war, wurde im November 1944 auf einen Erlass des US-Präsidenten vom Kriegsminister Henry Stimson ins Leben gerufen. Aufgabe des USSBS war es, detailliert die unmittelbaren und mittelbaren Folgen der Luftangriffe auf Deutschland und die von den deutschen Truppen besetzten Länder zu dokumentieren und auszuwerten. Das Amt stand unter der Leitung eines Zivilbeamten, zu den Mitarbeitern zählten sowohl Militärs als auch Zivilpersonen. Erfasst wurden zunächst einmal die Auswirkungen der Angriffe auf die Industrieproduktion, den militärischen Nachschub und das Verkehrswesen, ebenso auch die Folgen für die Energie- und Wasserversorgung und Abwasserentsorgung sowie die übrigen Einrichtungen des öffentlichen Gesundheitswesens, insgesamt ging es um den Stand der Ökonomie und der öffentlichen Meinung. Die europäische Zentrale des USSBS befand sich in London, im Frühjahr 1945 wurden Zweigstellen in Frankreich, Belgien und Deutschland eingerichtet. Die Mitarbeiter des „Bombing Survey" erhoben ihre Daten vor Ort – man befragte deutsche Offiziere und ziviles Leitungspersonal, aber auch ganz gewöhnliche Deutsche, hielt eigene Beobachtungen aus dem Alltagsleben fest, fotografierte und wertete die Dokumente des Kriegsgegners aus, die den alliierten Truppen in die Hände gefallen waren. Das Resultat ihrer Arbeit hielten die Experten des USSBS in einer Abfolge von 212 Analyseberichten fest, in denen sämtliche Phasen des Luftkriegs eingehend dokumentiert und analysiert sind. Die europäische Zentrale des USSBS wurde Ende 1945 aufgelöst, nachdem die Auswertungen beendet und die Abschlussberichte veröffentlicht waren."

Quelle: NARA, Description of Record Group 243: Records of the U.S. Strategic Bombing Survey

"The United States Strategic Bombing Survey (USSBS) was created by the Secretary of War Henry Stimson in November 1944 in response to a Presidential directive. The mission of the USSBS was to undertake a detailed study and analysis of the impact of Allied aerial bombing of Germany and German-occupied countries during World War II. Headed by a civilian chairman, the European Survey of the USSBS was composed of both civilian and military personnel who studied the effects of the air raids on German industrial production, military supply and transportation, utilities, public health and sanitation, the economy, and morale. The European Survey headquarters were located in London, and field offices were established in the spring of 1945 in France, Belgium and Germany. The USSBS field teams gathered data by interviewing German military and civilian leaders and residents, performing on-site observations, taking photographs, and processing captured German records. The final product of the European Survey was a series of 212 reports on every phase of the bombing. The European Survey was disbanded in late 1945 after the research and final reports were completed...."

Source: NARA, Description of Record Group 243: Records of the U.S. Strategic Bombing Survey

Name	Target No.	Products	Capacity	Location and Remarks
VICTORIAWERKE A.G.	GZ 2875	Motorcycles and cycles.		NÜRNBERG
MOTORRADBAU 'JAVON' J.A. VOGLER	GZ 2876	Motorcycles		NÜRNBERG
ZUNDAPP-WERKE G.m.b.H.	GY 4686	Normally making motorcycles, now believed to be building aero-engines.		SCHWEINAU
- do -	GY 4697	- do -		NÜRNBERG
NÜRNBERGER SCHRAUBEN-FABRIK G.m.b.H.	GL 2652	Nuts and bolts		NÜRNBERG
G. MÜLLER	GZ 2705	Special ball bearing for magnetos. (leading German producers).		HERRNHÜTTE
INDUSTRIE-GELÄNDE	GZ 2882	Numerous small engineering firms.		NÜRNBERG
BAYERISCHES HAMMERWERK M. ZECHEL.	GZ 2877	Tools and general engineering.		SCHWEINAU
MAMMUTWERKE WERKZEUG-MASCHINENFABRIK BERNER & CO.	GZ 2965	Machine tools.		NÜRNBERG

Einige Nürnberger „Rüstungsfirmen" als Bombenziele, ausgestellt am 3. April 1945,
Quelle: NARA, RG 249, U.S. Strategic Bombing Survey

Some Nuremberg "War Industries" as bombing targets, displayed on April 3rd 1945,
Source: NARA, RG 249, U.S. Strategic Bombing Survey

„GENERAL BACKGROUND REPORT on NÜRENBERG"

Dieses in den US-National Archiven verwahrte Dokument besteht aus einem 13-seitigen Bericht, in dem detaillierte Angaben unter anderem über die Bombenangriffe, die dabei erzielten Bombenschäden, die Zahl der Todesopfer, den Luftschutz, die noch vorhandenen Warnungssysteme, verbliebene sowie zerstörte Flugabwehrgeschütze sowie die von den Deutschen eingeleiteten Notmaßnahmen nach den Angriffen enthalten sind; man liest Einzelheiten zur Trümmerbeseitigung, zur Unterbringung und Lebensmittelversorgung der Bevölkerung, zu Propaganda- und Unterdrückungsmaßnahmen, findet Angaben zu Plünderungen, zur Hamsterei, zu Verbrechen, Verzweiflungshandlungen, zur religiösen Betätigung, zum Verhalten in Luftschutzräumen, zu Evakuierungsmaßnahmen, zum Volkssturm und zur Situation der Kinder.
Quelle: National Archives, RG 243, U.S. Strategic Bombing Survey, General Records. 64 BK (28), GENERAL BACKGROUND REPORT on NÜRENBERG.

„US Strategic Bombing Survey" enthält zudem beeindruckendes Fotomaterial mit Zielbeschreibungen und Aufklärungsbilder.
„INDUSTRIE: So gut wie die gesamte Industrie im Gebiet NÜRNBERG-FÜRTH zählt zur Sparte Maschinenbau, viele der Betriebe fertigen nunmehr ausschließlich für die Waffenherstellung wie etwa U-Bootmotoren, Panzer, Panzerspähwagen und sonstige Militärfahrzeuge; ebenso Teile für Panzer, Kraftfahrzeuge und Flugzeuge; Elektromotoren, Suchscheinwerfer und sonstige Produkte der Elektroindustrie usw.
HAUPTSÄCHLICHES INDUSTRIEGEBIET. Das hauptsächliche Industriegebiet in unserem Zielbereich grenzt an die südlichen Ausläufe von NÜRNBERG. Das Areal reicht grob gesprochen von SCHWEINAU im Westen bis

"GENERAL BACKGROUND REPORT on NÜRENBERG"

This document, which is kept in the National Archives, consists of a 13-page report containing detailed information on target raids, damage from bombing, casualties, shelters, alarm system, flack, emergency post-raid measures: clearance of debris, billeting and feeding, propaganda measures, repressive measures, looting, black-market, crime, escape behaviour, religious behaviour, shelter behaviour, evacuation, Volkssturm, and the plight of children.
Source: National Archives, RG 243, U.S. Strategic Bombing Survey, General Record. 64 BK (28), GENERAL BACKGROUND REPORT on NÜRENBERG.

The US Strategic Bombing Survey also contains impressive photographic material with detailed captions and intelligence photos.
"INDUSTRIES: Practically the entire industry in the NUREMBERG-FÜRTH area consists of engineering works, many of which are now solely engaged in the production of armaments like submarine engines, tanks, armoured cars and other military transport; tank, motor transport, and aircraft components; electric motors, searchlights and other electric-engineering products, etc.
PRINCIPAL INDUSTRIAL AREA. The principal industrial area in the district under review lies adjacent to the southern outskirts of NUREMBERG. It stretches roughly from SCHWEINAU in the west to the important railway traffic center (GH 574) which includes the new southern marshalling yard, junction, South Station and workshops.
The principal industrial objectives in this area are the Siemens Schuckert Works (GB 3212) making transformers; M.A.N. Works (GR 3668) making submarine engines, heavy tanks, armoured cars, diesel engines, components for tanks and aircraft, etc.; Siemens Schuckert Works (GB 3208) making electric motors, searchlights, firing de-

Auswertungsfoto der MAN Maschinenfabrik in der Nürnberger Südstadt, 5. Juni 1945

Assessment photograph of the MAN machine factory in Nuremberg's South Town, June 5th 1945

zum wichtigen Eisenbahnknoten (GH 574), in dem sich u.a. der neue südliche Verschiebebahnhof, die Eisenbahnweichen, der Südbahnhof und die Eisenbahnwerkstätten befinden.
Die wichtigsten Industrieziele in diesem Gebiet sind die Siemens Schuckert Werke (GB 3212), wo Transformatoren gebaut werden; dann die M.A.N. Fabrik (GR 3668), wo Motoren für U-Boote, schwere Panzer, Panzerspähwagen sowie Dieselmotoren und sonstige Bauteile für Panzer und Flugzeuge gefertigt werden; dann die Siemens Schuckert Werke (GB 3208), wo Elektromotoren, Suchscheinwerfer und Zünder für Minen usw. gefertigt werden; dann die Aluminiumwerke Nürnberg G.m.b.H. (GL 2653 und GZ 2807), ein wichtiger Hersteller für Kolben und Zylinderköpfe von Flugzeugmotoren und sonstige Gussteile von Kraftfahrzeugen; im Sektor GQ 2059 befinden sich die Gaswerke und Wasserwerke der Großstadt, das Zielgebiet GZ 2882 besteht aus einem Industrieareal mit einer ganzen Reihe von kleinen und mittelgroßen Fabriken, einschließlich der Zündapp Werke G.m.b.H. in SCHWEINAU (GY 4686) befindet sich neuerlich vermutlich eine Fabrik für Flugzeugmotoren."
Quelle: Target Information Sheet dated 20th, July, 1942, US National Archives, RG 243, U.S. Bombing Strategic Survey, G-2 Damage File, III A (2079)

Auch die Maschinenfabrik Augsburg-Nürnberg-AG, die MAN, in der Panzer und vor allem der legendäre Panzerspähwagen „Panther" gefertigt wurden, bekam sofort die Dringlichkeitsstufe „priority 1". Schon im September 1944 waren von 233 „US-Flying Fortresses", die Nürnberg angriffen, 173 auf das Industriegelände der MAN angesetzt, das massive Schäden davontrug – ohne dass jedoch die Produktion auf Dauer nachhaltig gestört worden wäre. Speziell der „Panther" wurde bis Januar 1945 in alter Stückzahl produziert. Beim Angriff vom 2. Januar 1945 kam dann das Aus fürs Werksareal der MAN und auch das Aus für den „Panther".

vices for mines, etc.; Aluminiumwerke Nürnberg G.m.b.H. (GL 2653 and GZ 2807) important producer of aero-engine pistons, cylinder heads and castings for M.T.; GQ 2059 the large town gas and water works; GZ 2882 an industrial area including a number of small and medium sized factories, and the Zündapp Werke G.m.b.H. at SCHWEINAU (GY 4686) new believed to be building aero-engines."
Source: Target Information Sheet dated 20th July, 1942, US National Archives, RG 243, U.S. Bombing Strategic Survey, G-2 Damage File, III A (2079)

The Maschine Factory of Augsburg-Nuremberg (MAN), which produced tanks and especially armored scouting vehicles ("Panthers"), was placed on the "priority 1" list of urgent targets. Beginning in September, 1944, 173 of the total 233 American "Flying Fortresses" which attacked Nuremberg were assigned to attack the MAN factory, causing heavy damage. However, production was hardly affected as a result. Especially the "Panther" was produced at normal levels up through January 1945. During the air strikes of January 2nd, 1945, production of the "Panther" at the MAN factory came to a complete halt.

Auswertungsfotos der MAN Maschinenfabrik in der Nürnberger Südstadt, 5. Juni 1945

Assessment photographs of the MAN machine factory in Nuremberg's South Town, June 5th 1945

Hauptbahnhof Nürnberg, Osteingang, 1946,
(Fotograf Colonel Goddard)

Blick auf den Hauptbahnhof mit Gleisanlagen,
1946, (Fotograf Colonel Goddard)

Nuremberg's Central Railway Station,
East Entrance, 1946
(photographed by Colonel Goddard)

View of the Central Station and tracks, 1946
(photographed by Colonel Goddard)

Bahnhof

Eisenbahnziele gelten im Krieg immer als militärische Ziele, liegen aber bekanntlich immer inmitten der Städte, was natürlich auch für den Nürnberger Hauptbahnhof gilt, der nur einen Steinwurf außerhalb des großen Rings der aus dem Mittelalter stammenden Stadtmauer liegt.

„VERKEHRSWESEN. NÜRNBERG ist der Knotenpunkt, an dem sich zwei Hauptrouten kreuzen, die für die Kriegsführung Deutschlands von großer Bedeutung sind: es handelt sich (a) um die Eisenbahnstrecke von der RUHR nach WIEN und weiter nach Südosteuropa und (b) um die Eisenbahnstrecke von BERLIN und Mitteldeutschland nach MÜNCHEN und Italien. Es zweigen auch noch weitere Eisenbahnstrecken ab, die von geringerer Bedeutung sind.

Das Rangieren der Züge erfolgt im großen neuen Verschiebebahnhof (GH 574) südlich der Stadt. Die Eisenbahnstrecken nach Norden in Richtung SAALFELD und nach Süden in Richtung MÜNCHEN sind elektrifiziert."

Quelle: Target Information Sheet dated 20th July, 1942, US National Archives, RG 243, U.S. Bombing Strategic Survey, G-2 Damage File, III A (2079)

Railway Station

Railway stations are considered to be military targets in every war, but are obviously located directly in town centers, which was also naturally the case with Nuremberg's Central Station, which is just a stone's throw away from the ring formed by the medieval city wall.

"TRANSPORTATION. NUREMBERG is the point at which two main routes of major importance to the German war effort intersect: these are (a) the route from the RUHR to VIENNA and South-East Europe and (b) the route from BERLIN and Central Germany to MUNICH and Italy. There are also other routes of minor importance radiating from here. The sorting of trains is done in the large new yard (GH 574) which lies to the south of the town. The lines north to SAALFELD and south to MUNICH are electrified."

Source: Target Information Sheet dated 20th July, 1942, US National Archives, RG 243, U.S. Bombing Strategic Survey, G-2 Damage File, III A (2079)

▲
Luftaufnahme des Hauptbahnhofes von Süden, ca. Juni 1945
◄
Luftaufnahme des Rangierbahnhofes, ca. Juni 1945
▼
Luftaufnahme des Hauptbahnhofes von Westen, ca. Juni 1945

►►
Lokremisen in Nürnberg-Neusündersbühl, ca. Juni 1945

▲
Aerial view of the Central Station from the south, ca. June 1945
◄
Aerial view of the freight station, ca. June 1945
▼
Aerial view of the Central Station from the west, ca. June 1945

►►
Locomotive sheds in Nuremberg-Neusündersbühl, ca. June 1945

„Hitler's favorite city"
das Reichsparteitagsgelände in Nürnberg

Diesem berühmt-berüchtigten Propagandaort der Nationalsozialisten galt naheliegenderweise das besondere Augenmerk der Bomberpiloten der alliierten Streitkräfte, was auch die militärischen Zielanweisungen der US Air Force belegen:

„Im Jahre 1933 wurde NÜRNBERG zur ‚Stadt der Reichsparteitage' erklärt, woraufhin am Stadtrand im Südosten umfangreiche, bis heute andauernde Arbeiten zum Ausbau des für die Reichstage benutzten Stadiums und Aufmarschareals begonnen wurden. Auf dem Gelände wurden große Barackenlager errichtet und neue Eisenbahnanschlüsse sowie Straßen gebaut. In einigen der Baracken sind heute Kriegsgefangene inhaftiert, außerdem ist hier laut Aufklärungsbefunden die Oflag XIII A stationiert." (Oflag = Offizierslager)

Quelle: Target Information Sheet dated 20th July, 1942, US National Archives, RG 243, U.S. Bombing Strategic Survey, G-2 Damage File, III A-2079)

Das riesige Areal war aus der Luft natürlich problemlos zu orten – schwierig dagegen war es, das auf „ein Jahrtausend" von den Nationalsozialisten angelegte Steinwerk des „Reichsparteitagsgeländes" in Flammen aufgehen zu lassen. Auf den immens weitläufigen Versammlungsplätzen aus Naturstein fand das von den Brandbomben der „fliegenden Festungen" entfachte Feuer kaum Nahrung. Letzten Endes wurden nur die Luitpoldhalle und die Baracken der KdF-Stadt von den Brandbomben zerstört. Ein weiteres Problem für die Planer der Luftangriffe klang bereits in der oben zitierten Zielanweisung an: Auf Teilen des Reichsparteitagsgeländes waren mittlerweile in der Endphase des „Dritten Reiches" Kriegsgefangene interniert, die alliierten Piloten mussten daher darauf achten, nicht etwa versehentlich ihre eigenen Landsleute zu bombardieren.

"Hitler's favorite city"
Nuremberg's Nazi Party Rally Grounds

This infamous propaganda site of the Nazi Party was understandably a special military target for allied bomber pilots, which is documented by military target orders issued by the US Air Force:

"In 1933 NUREMBERG was designated 'The Town of the Nazi Rally' and extensive constructional work, which is still continuing, was undertaken on the south eastern outskirts for the improvement of the stadium and parade grounds used for the rally. Extensive camps and new railways and roads have also been built in this area. Some of the camps are now used for prisoners of war and Oflag XIII A is reported to be situated here."

Source: Target Information Sheet dated 20th July, 1942, US National Archives, RG 243, U.S. Bombing Strategic Survey, G-2 Damage File, III A (2079)

The huge grounds were very easily identifiable from the air – but it was difficult to set ablaze the Nazi Party Grounds, which were built "for the millennia" out of steel and concrete. The fire bombs released from the "Flying Fortresses" hardly found anything flammable on the immense rally grounds built of stone. Eventually only the Luitpold Hall and the barracks of the KdF retreat was destroyed by fire bombs. A further challenger for the planners of the air strikes was further stated in the orders quoted above: In portions of the rally grounds, war prisoners were being held during this final phase of the Third Reich. Allied pilots had to be careful not to accidentally kill their own countrymen with their bombs.

The terseness of the commentary of the nearly complete destruction of the medieval city becomes clear in the following quotes. The US Army war reporters, who filed their reports shortly after the massive bombing of the city, seemed untouched by the loss of human lives and

MAN Maschinenfabrik als Bombenziel, rechts daneben nicht markiert das Reichsparteitagsgelände, April 1944

MAN machine factory targeted for air strikes, not marked at the right are the Nazi Party Rally Grounds, April 1944

▲

Reichsparteitagsgelände mit der abgebrannten Luitpoldhalle, 11. Mai 1945

◄

Reichsparteitagsgelände mit Zeppelinfeld, Mai 1945

▼

US-Soldaten auf dem Reichsparteitagsgelände (Luitpoldarena), 23. April 1945

▲

Nazi Party Rally Grounds and the burned-down Luitpold Hall, May 11th 1945

◄

Nazi Party Rally Grounds and Zeppelin Field, May 1945

▼

American soldiers at the Nazi Party Rally Grounds (Luitpold Arena), April 23rd 1945

Wie lakonisch dagegen die nahezu vollständige Auslöschung der mittelalterlichen Stadt kommentiert wurde, wird aus den nachfolgenden Zitaten deutlich. Den Kriegsberichterstattern der US-Armee, die unmittelbar nach den Angriffen die Bildunterschriften und Presseschlagzeilen zu den angefertigten Dokumentarfotos der zerstörten Stadt Nürnberg verfassten, waren die massiven Verluste an Menschenleben und an historischer Bausubstanz nicht der Rede wert.

„Eine ausgeweidet in Trümmern liegende Stadt, in der noch immer die Feuer lodern, die das massive Bombardement der Amerikaner entfachte, ist alles, was von Hitlers Lieblingsstadt blieb, dem Spielplatz und Versammlungsort der Nazipartei."

Dass Nürnberg den Amerikanern primär als eine besonders symbolträchtige Stadt der Nazis galt, erhellt sich auch aus folgenden Beschreibungen:

„Die wichtigste Stadt der Nazipartei"
„Massive Schäden in der Kongressstadt der Nazis"
„Die Festspielstadt der Nazis an Hitlers Geburtstag eingenommen"
„Einstige Festspielstadt der Nazis"
„Die heilige Stadt der Nazipartei von den Amerikanern erobert"
„Die heilige Stadt der Nazis in Schutt und Asche"
Quelle: NARA, RG 111 SC, Nuremberg

of historic buildings.

"A gutted, wrecked city, smoldering from fires still burning from heavy American bombing and shelling, is all that remained of Hitler's favorite city, playground and meeting place of the Nazi Party."

To the Americans, Nuremberg was primarily a symbol of the Nazi Party. This is highlighted by the following headlines and descriptions attributed to the city:

"Key Nazi Party City"
"Nazi Festival City Captured on Hitler's Birthday"
"Onetime Festival City of Nazi Party"
"Shrine City of the Nazi Party falls to Americans"
"Nazi Shrine City Laid Bare"
Source: NARA, RG 111 SC, Nuremberg

Die Lorenz-Kirche von Nord/West

Fotografische Bestandsaufnahme der zerstörten Kunstbauwerke (1946)

„Stein ist Schauplatz der Geschichte"

Jörg Friedrich

The St. Lorenz Church from the North/West

Photographic documentation of destroyed works of art (1946)

"Stone is history's stage."

Jörg Friedrich

St.-Lorenz-Kirche von Norden, November 1945

St.-Lorenz-Kirche von Westen, August 1946

St. Lorenz Church from the north, November 1945

St. Lorenz Church from the west, August 1946

Die USA richteten eine eigene Behörde zum Schutz und zur Rettung von Kunstwerken und Denkmälern in den Kriegsgebieten ein, die sogenannte „American Commission for the Protection and Salvage of Artistic and Historic Monuments in War Areas".

"(...) Im September 1945 rief die Commission ihr Vorhaben zur Schaffung eines großen Photoarchivs ins Leben. Diese Sammlung wuchs beständig an, bis sie rund 15 000 Fotos umfasste, die man aus allen möglichen Quellen zusammengetragen hatte. Die Sammlung dokumentierte nicht allein die diversen Aktivitäten, die im Rahmen des Programms zur Rettung von Denkmälern, Kunstwerken und Archiven in Kriegsgebieten unternommen wurden, ergänzend wollte man umfassend auf den Verlust, die Beschädigung oder aber auch die Bergung und Rettung historischer Monumente und Sammlungen hinweisen."

Quelle: Report of The American Commission for the Protection and Salvage of Artistic and Historic Monuments in War Areas, Washington 1946, S. 36

Diese Sammlung umfasst rund 300 Fotos zu Kunstbauwerken in Nürnberg.

◄

Burgstrasse Nr. 20, 18, 16, mit den ersten Wiederaufbaubemühungen, Oktober 1946

◄

Egidienplatz, November 1946

►

St.-Egidien-Kirche mit Abräumlore, September 1946

►

Innenhof und südliche Galerien des Pellerhauses von Osten, Anfang September 1946

The United States set up their own bureau for preserving works of art and monuments in war zones, called "The American Commission for the Protection and Salvage of Artistic and Historic Monuments in War Areas".

"(...) In September 1945 the Commission inaugurated its Photo Archive Project. The file expanded until it numbered some 15,000 photographs selected from all possible sources to show not only the activities of the Monuments, Fine Arts, and Archives program in war areas, but in the broadest sense to indicate the damage, loss, or survival of historic monuments and collections."

Source: Report of The American Commission for the Protection and Salvage of Artistic and Historic Monuments in War Areas, Washington 1946, S. 36

This collection consists of about 300 photographs of historic monuments in Nuremberg.

◄

Burg Street No. 20, 18, 16, and the first attempts at reconstruction, October 1946

◄

Egidien Square, November 1946

►

St. Egidien Church with clearance wagon, September 1946

►

Courtyard and south galleries of the Peller House from the east, early September 1946

Der amerikanische Aufräumbagger
Fotos von Colonel Goddard (1946)

Im Jahr 1946 machte Colonel Goddard Aufnahmen einer ganzen Reihe von europäischen Städten, unter anderem auch von Nürnberg.
„Colonel Goddard war der Chef eines Projekts, das für die US-Luftwaffe alle europäischen Großstädte am Ende des Zweiten Weltkriegs fotografieren sollte. Goddard gilt heute als prominente Figur in der Geschichte der Luftfotografie. Dennoch besteht das Gros der Fotosammlung aus am Boden gemachten Aufnahmen von Städten wie Paris, Nürnberg, München, Heidelberg, Berlin, London und den Azoren."
Quelle: NARA, Beschreibung der Archivalien Record Group 342, CGA-4

The American clean-up bulldozer
Photos by Colonel Goddard (1946)

In 1946, Colonel Goddard photographed a series of European cities, including Nuremberg.
"Colonel Goddard supervised a project of photographing major European cities at the end of World War II for the Air Force. Goddard is regarded as an important figure in the history of aerial photography. Most of these photographs, however, are ground level views of Paris, Nuremberg, Munich, Heidelberg, Berlin, London and the Azores."
Source: NARA, Beschreibung der Archivalien Record Group 342, CGA-4

Schuttbeseitigung in der Innenstadt Nürnbergs, 1946, (Fotograf Colonel Goddard)

Rubble removal in Nuremberg's old town, 1946 (photographed by Colonel Goddard)

◀◀ ▲ ▼

Goddards Blick auf die anwesenden US-Besatzungseinheiten in Nürnberg, 1946

◀◀ ▲ ▼

Goddard's appraisal of the American occupying units in Nuremberg, 1946

21

◄ ▲

Goddards Blick auf Nazi-Relikte, 1946

▼

Goddards Blick auf die Stadt, 1946

◄ ▲

Goddard's appraisal of Nazi relicts, 1946

▼

Goddard's appraisal of the city, 1946

Der Jeep vom Grand Hotel zum Justizgebäude

„Trümmereindrücke“ während der Internationalen Militär-Prozesse (1945-1949)

„(...) bis dorthin haben die Trümmerberge, einer fließenden Lava gleich, sich vorgeschoben.“

Peter de Mendelssohn

Going by Jeep from the Grand Hotel to the Palace of Justice

“Impressions of the ruins” during the International War Crimes Tribunals (1945-1949)

“...the mountains of rubble have pushed themselves up like flowing lava.”

Peter de Mendelssohn

Eingang des Grand Hotel in Nürnberg,
ca. 1946

Entrance of the Grand Hotel in Nuremberg,
ca. 1946

Literarische Bilder des zerstörten Nürnbergs hinterließen uns auch die vielen Korrespondenten, die aus aller Welt nach Nürnberg kamen, um über die Nürnberger Prozesse zu schreiben – aber auch über die zerstörte Stadt, in der sie sich bewegten. Im Gerichtssaal hörten sie die schreckliche Vergangenheit Hitler-Deutschlands, beim Verlassen des Gerichtsgebäudes sahen sie das gegenwärtige Deutschland in Schutt und Asche liegen.

Peter de Mendelssohn zum Beispiel, Berichterstatter für englische und amerikanische Zeitungen, schrieb:
„Hier liegen der Anfang und das Ende der Geschichte nah beieinander. Die überfüllten Straßenbahnen, die einen von der Altstadt zum Gericht bringen, scheinen ziellos durch ein fremdes, bedrückendes historisches Vakuum zu rumpeln. Die Altstadt liegt still da, als wäre sie vor 100 Jahren ausgestorben. Nichts erinnert mehr an ihren früheren Glanz, und

Literary depictions of Nuremberg's destruction have been passed down by those who came from all over the world to write about the Nuremberg Trials – but also about the destroyed city in which they found themselves. In the courtroom, they learned of the hideous history of Hitler's Germany, on leaving the courtroom they were confronted with what was left of Germany.

For example, Peter de Mendelssohn, reporter for English and American newspapers, wrote:
"Here lie the beginning and the end of history closely together. The overcrowded streetcars, which bring you from the old town to the Palace of Justice, seem to wander through a strange, depressing historic vacuum. The old town lies quietly there, as if it had died a hundred years ago. Nothing remains of its former glory, and nobody seems to wonder why it's buried in rubble and ash. I have seen almost all of

Das nur wenig zerstörte Grand Hotel, in dem Berichterstatter, Zeugen und auch viele Tätige des Internationalen Gerichtshofes verkehrten.

The only lightly damaged grand hotel, meeting place for reporters, witnesses and others affiliated with the International Tribunal.

niemanden scheint es zu kümmern, warum sie in Schutt und Asche liegt. Ich habe fast alle zerstörten Städte Deutschlands gesehen, aber Nürnberg ist anders als die übrigen."

Quelle: „Two Nurembergs“ (Zweimal Nürnberg), abgedruckt in: The Nation, 1. Dez. 1945. Deutsche Erstveröffentlichung, aus dem Englischen von Karin Hofmann; abgedruckt in: Der Nürnberger Lernprozess. Von Kriegsverbrechern und Starreportern. Zusammengestellt und eingeleitet von Steffen Radlmaier, Frankfurt a. M. (Eichborn Verlag) 2001, S. 112.

Was nach dem Krieg an Ruinen stehenblieb, wurde anschließend oft von den Bewohnern der Städte abgerissen. Viele wollten nicht mehr Tag für Tag von den verstümmelten Gebäuden an das Leid des Krieges erinnert werden. So wurde das Zerstörungswerk der Bomber von den Bewohnern der Städte vollendet.

Beim Wiederaufbau versuchte man oft auch nicht, die zerstörten Stadtteile wiederherzustellen oder wenigstens das Grundraster zu bewahren, sondern war eher glücklich, nun endlich Platz in den vormals engen Städten für Verkehrsschneisen und Hochhäuser zu bauen. Abrissbagger erledigten dann das, was den Bomben nicht zum Opfer gefallen war.

Nürnberg bewahrte jedoch sein Grundraster.

Germany's destroyed cities, but Nuremberg is different from the others."

Source: "Two Nurembergs", printed in: The Nation, Dec. 1st, 1945.

What ruins remained standing after the war were often torn down by the residents of the cities. Many wanted under no circumstances to live, day for day, in the crippled buildings which would remind them of the war and its suffering. In this manner, the destruction begun by bombs was completed by the locals. Upon reconstruction an attempt was often not made to rebuild or even to comply with the historic street lines. On the contrary, many were happy to finally have room in the formerly narrow streets to accommodate modern traffic and to build high-rises. The wrecking ball often completed what the bombs missed.

Nuremberg, however, kept its historic street lines.

Justizgebäude mit dahinterliegenden Gefängnistrakten, im Vordergrund ausgebombte Häuser, ca. 1946

Palace of Justice with adjacent jail tracts to the back, in the foreground bombed buildings, ca. 1946